城市装配式混凝土板梁桥维修加固技术实例分析

徐宙元 汪志昊 陈闯 著

中国水利水电出版社
www.waterpub.com.cn
·北京·

内 容 提 要

本书通过文献调研、桥梁病害现场调查及具体工程实例的维修加固实践，从桥梁技术状况的检测评定、纵向加固、横向加固和支座更换等方面系统总结了城市装配式混凝土板梁桥维修加固技术的应用原理、设计方法和施工流程等。

本书旨在为桥梁维修加固领域的从业人员和相关领域的研究人员提供参考和借鉴，也可作为高等院校相关专业教师和研究生的参考书。

图书在版编目（CIP）数据

城市装配式混凝土板梁桥维修加固技术实例分析 / 徐宙元，汪志昊，陈闯著. -- 北京：中国水利水电出版社，2023.12
ISBN 978-7-5226-1999-6

Ⅰ. ①城… Ⅱ. ①徐… ②汪… ③陈… Ⅲ. ①装配式混凝土结构－板梁桥－维修②装配式混凝土结构－板梁桥－加固 Ⅳ. ①U448.21

中国国家版本馆CIP数据核字(2024)第001068号

书　　名	**城市装配式混凝土板梁桥维修加固技术实例分析** CHENGSHI ZHUANGPEISHI HUNNINGTU BANLIANGQIAO WEIXIU JIAGU JISHU SHILI FENXI
作　　者	徐宙元　汪志昊　陈　闯　著
出版发行	中国水利水电出版社 （北京市海淀区玉渊潭南路1号D座　100038） 网址：www.waterpub.com.cn E-mail：sales@mwr.gov.cn 电话：（010）68545888（营销中心）
经　　售	北京科水图书销售有限公司 电话：（010）68545874、63202643 全国各地新华书店和相关出版物销售网点
排　　版	中国水利水电出版社微机排版中心
印　　刷	天津嘉恒印务有限公司
规　　格	184mm×260mm　16开本　9印张　219千字
版　　次	2023年12月第1版　2023年12月第1次印刷
印　　数	0001—1000册
定　　价	**68.00元**

凡购买我社图书，如有缺页、倒页、脱页的，本社营销中心负责调换

版权所有·侵权必究

前言

PREFACE

近年来，我国桥梁事业取得了突飞猛进的发展。截至 2022 年年底，全国公路桥梁已突破 100 万座，其中中小跨径桥梁占比超过 80%。装配式混凝土板梁桥具有施工快速、质量可控、节约材料、环保节能等优势，在我国得到广泛应用。但是，随着各级公路和城市道路交通流量的不断加大，各种超重车辆越来越多，导致许多在役装配式混凝土板梁桥出现各种问题和病害，亟须开展维修加固。对桥梁维修加固可以延长其使用寿命，保障交通安全，具有重要的现实意义和应用价值。

本书在现有研究成果基础上，通过文献检索、现场调查以及实桥的维修加固工程实践，对城市装配式混凝土板梁桥维修加固关键技术开展系统研究，主要内容包括：归纳城市装配式混凝土板梁桥的主要病害特征和产生原因；总结城市装配式混凝土板梁桥的常用加固方法；对比分析不同规范对城市装配式混凝土板梁桥检测评定方法的异同；给出梁桥承载力不足、单板受力问题以及支座病害等方面的维修加固实例，并对相关方法与技术体系进行应用和验证。

本书共 6 章，第 1 章主要介绍城市装配式混凝土板梁桥的常见病害和常见加固方法的原理和技术特点；第 2 章主要介绍基于规范（或标准）的城市装配式混凝土板梁桥检测评定方法以及常见病害的常规维修方法；第 3 章主要介绍城市装配式混凝土板梁桥纵向加固设计方法及工程应用；第 4 章主要介绍城市装配式混凝土板梁桥横向加固设计方法及工程应用；第 5 章主要介绍城市装配式混凝土板梁桥支座更换的设计方法及工程应用；第 6 章主要对本书内容进行总结，并对装配式混凝土板梁桥研究方向进行了展望。

本书由华北水利水电大学徐宙元博士、汪志昊教授与新乡市市政设计研究院陈闯高级工程师共同编写。感谢武汉二航路桥特种工程有限责任公司程振清对本书的编写所做的大量具体工作。

由于作者水平和能力有限，书中难免存在疏漏或不妥之处，恳请同行与读者批评指正。

作者
2023 年 11 月于郑州

目录

前言

第1章 绪论 ··· 1
1.1 我国城市装配式混凝土板梁桥简介 ·· 3
1.1.1 混凝土板梁桥的起源 ·· 3
1.1.2 空心板梁桥 ··· 3
1.1.3 板梁桥的特点 ·· 7
1.2 常见病害及成因分析 ··· 8
1.3 常用加固方法及技术特点 ··· 10
1.3.1 加固方法分类 ·· 10
1.3.2 桥梁加固技术改造 ··· 11
1.3.3 加固方法对比 ·· 12
1.4 本书的主要研究工作和技术路线 ·· 13
1.4.1 主要研究工作 ·· 13
1.4.2 技术路线 ·· 13
参考文献 ·· 13

第2章 城市装配式混凝土板梁桥评定技术及维修方法研究 ····················· 15
2.1 基于规范（或标准）的评定方法及实例对比分析 ····························· 15
2.1.1 基于桥梁养护规范的评定方法及实例 ··· 15
2.1.2 基于公路桥梁技术状况评定标准的评定方法及实例 ···················· 18
2.1.3 基于城市桥梁养护技术规范的评定方法及实例 ··························· 21
2.1.4 基于公路桥梁承载能力检测评定规程的承载力评估方法 ············· 29
2.2 城市装配式混凝土板梁桥常见维修方法 ··· 36
2.2.1 裂缝修补 ·· 36
2.2.2 伸缩缝病害分析与养护维修 ··· 38
2.2.3 桥面铺装更换 ·· 41
2.2.4 更换栏杆及防撞护栏 ··· 41
2.2.5 更换人行道盲道及台阶 ·· 42
2.3 本章小结 ··· 43

参考文献 ·· 43

第3章 城市装配式混凝土板梁桥纵向加固实例 ··· 45

3.1 引言 ·· 45
3.2 工程概况 ·· 45
    3.2.1 工程简介 ·· 45
    3.2.2 病害情况 ·· 46
    3.2.3 检测结果与维修意见 ·· 46
3.3 原桥承载力检算评定 ·· 46
    3.3.1 原桥设计参数 ·· 46
    3.3.2 原结构复算 ·· 46
    3.3.3 原桥承载力检算评定 ·· 49
3.4 加固设计方案比选 ·· 53
    3.4.1 增大截面加固法简介 ·· 53
    3.4.2 增大截面加固法计算实例 ·· 55
    3.4.3 粘贴钢板加固法简介 ·· 61
    3.4.4 粘贴钢板加固法计算实例 ·· 63
    3.4.5 粘贴纤维复合材料加固法简介 ·· 65
    3.4.6 粘贴纤维复合材料计算实例 ·· 68
    3.4.7 体外预应力加固法简介 ·· 72
    3.4.8 体外预应力加固法计算实例 ·· 74
    3.4.9 方案比选 ·· 80
3.5 粘贴钢板加固有限元计算复核 ·· 81
    3.5.1 有限元模型建立 ·· 81
    3.5.2 原桥有限元模型计算结果 ·· 82
    3.5.3 粘贴钢板加固有限元模型计算结果 ·· 84
3.6 粘贴钢板加固实施方案 ·· 86
    3.6.1 加固设计方案 ·· 86
    3.6.2 施工说明 ·· 86
3.7 本章小结 ·· 92
参考文献 ·· 92

第4章 城市装配式混凝土板梁桥横向加固实例 ··· 94

4.1 引言 ·· 94
4.2 工程概况 ·· 94
    4.2.1 工程简介 ·· 94
    4.2.2 病害情况 ·· 94

	4.2.3	检测结果与维修意见	95
	4.2.4	加固目标	95
4.3	原桥及铰缝损伤、板损伤有限元模拟	96
	4.3.1	原桥有限元模拟	96
	4.3.2	铰缝损伤模型	98
	4.3.3	板损伤模型	100
	4.3.4	板和铰缝损伤模型	101
	4.3.5	损伤对比分析	102
4.4	加固设计方案		104
	4.4.1	增大截面加固	104
	4.4.2	粘贴钢板加固	105
	4.4.3	上下捆绑法加固	107
	4.4.4	体外预应力加固	108
4.5	加固方案比选		109
	4.5.1	横向分布影响线对比分析	109
	4.5.2	梁底应力对比分析	109
4.6	加固方案及施工方法		111
	4.6.1	加固方案	111
	4.6.2	施工工艺及要点	116
4.7	本章小结		117
参考文献			117

第5章 城市装配式混凝土板梁桥支座更换实例 …… 119

5.1	引言		119
5.2	支座检查与病害		119
	5.2.1	支座检查	119
	5.2.2	板式橡胶支座病害	119
	5.2.3	盆式橡胶支座病害	121
5.3	支座脱空对桥梁的影响分析		122
	5.3.1	原桥模型建立	122
	5.3.2	支座脱空对支座反力的影响	123
	5.3.3	支座脱空对横向分布的影响	124
5.4	桥梁支座更换施工方法		125
5.5	支座更换实例		128
	5.5.1	工艺流程	128
	5.5.2	检验和验收	132

  5.5.3 同步顶升注意事项 ····················· 132
 5.6 本章小结 ····························· 132
 参考文献 ······························· 133

第6章 结论与展望 ························· 134
 6.1 结论 ······························ 134
 6.2 展望 ······························ 134

第1章 绪 论

桥梁作为交通基础设施的重要组成部分，不仅是道路、铁路等交通线路的必经之处，更是确保路网安全畅通的生命线工程，对国民经济发展和人民生活质量的提升有着不可替代的作用。桥梁建设因此成为我国建设"交通强国""质量强国"的战略支撑，为实现国家发展战略和人民美好生活的愿景提供了有力保障。桥梁的质量不仅影响到道路交通的畅通和安全，也影响到我国交通事业的经济和社会效益。近30年来，我国公路及城市交通网络飞速发展，随着对高速公路、国道、省道等公路工程投资力度的不断增大，大量高质量公路工程逐步投入使用和运营，城市公路网络也日趋优化和完善。根据交通运输部《2022年交通运输行业发展统计公报》统计数据[1]，2022年年底全国现有公路桥梁103.32万座、8576.49万延米，比上年末分别增加7.20万座、1196.27万延米，其中特大桥梁8816座、1621.44万延米，大桥15.96万座、4431.93万延米，剩余86.48万座、2523.12万延米主要为中小跨径桥梁。根据跨径划分，各类桥梁数量分布如图1.1所示。

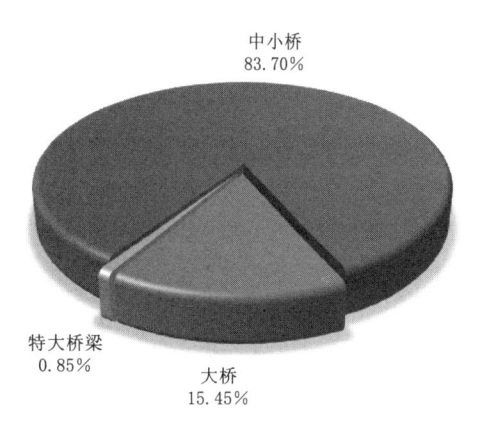

图1.1 2022年年底全国公路桥梁数量统计分布情况

随着桥梁建设技术的不断发展和应用，一些潜在的安全隐患逐渐显现，需要引起高度重视并积极解决。我们需要认真借鉴发达国家的经验教训，警惕那些在经济建设快速发展时期建造的桥梁，这些桥梁的性能衰退往往最快，存在安全风险。据美国联邦公路管理局统计，截至2007年，在全美约60万座桥梁中，有15万余座桥梁存在各类性能缺陷[2]。除缺陷桥梁外，还有些桥梁因为功能退化或遭遇偶然事件而发生倒塌[3]，如图1.2和图1.3所示。桥梁是现代经济发展的重要基础设施，但随着桥梁使用年限的增长，桥梁的陈旧、老化和强度降低已经成为一个全球性的问题。受使用年限及各种环境因素的影响，桥梁的结构、材料、机件等都会受到不同程度的损伤，导致其承载力、稳定性和可靠性的下降。这样的情况不仅会影响桥梁的正常使用和维护，而且还会给人们的生命财产安全带来潜在威胁。

公路桥梁和城市桥梁都属于桥梁结构的范畴，虽在设计、用途和环境条件上有区别，但其本质都是为了承载交通或基础设施而建造的桥梁结构，运营中出现的问题存在共性。据不完全统计，我国公路路网中约有40%的桥梁服役超过20年[4]。部分桥梁由于建设年

图1.2 美国明尼苏达州1-35W大桥 　　图1.3 美国宾夕法尼亚州福布斯大道大桥

限久远，运营时间过长，并受修建时设计方案和施工技术等因素的制约，已无法适应当前高速增长的车流量、人流量，呈现一种"带病上岗"状态。为确保此类桥梁运行安全和合理的使用寿命，应适时进行检测、监测、评估、维护和加固[5]，否则，有可能会引发重大交通事故，给国家财产和人民群众生命安全造成严重损失。全国危桥数量自2007年达到峰值后虽得到有效抑制，但桥梁建设规模也进一步加大，如图1.4所示。未来10~20年，随着我国逐渐进入"建设后时期"，我国仍然需要面对日益增长的桥梁维护加固改造压力，桥梁加固维护也将迎来了高峰时期。

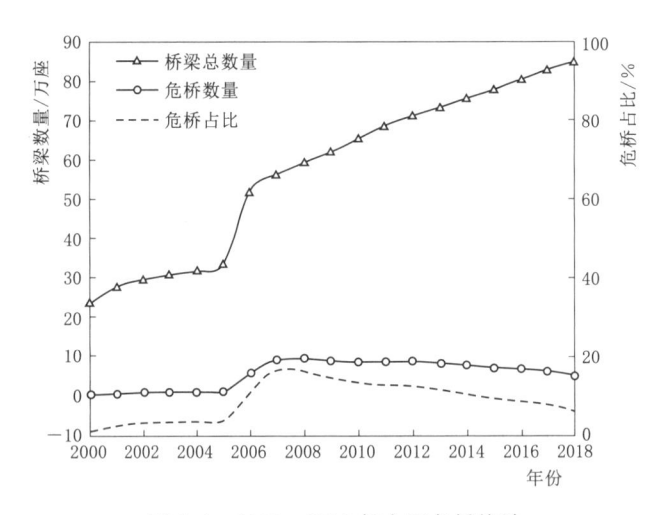

图1.4 2000—2018年全国危桥统计

2020年12月，交通运输部发布的《交通运输部关于进一步提升公路桥梁安全耐久水平的意见》中明确要求，到2025年，通过开展危旧桥梁改造行动，提升桥梁安全耐久水平，基本完成2020年年底存量四、五类桥梁改造，对部分老旧桥梁实施改造，国省干线公路新发现四、五类桥梁处治率100%，实现全国高速公路一、二类桥梁比例达95%以上，普通国省干线公路一、二类桥梁比例达90%以上，跨江跨海跨峡谷等特殊桥梁结构健康监测系统全面建立，公路桥梁运行安全水平和服务品质明显提升。到2035年，公路桥梁建设养护管理水平进入世界前列，公路桥梁结构健康监测系统全面建立，安全风险防

控体系基本完善，创新发展水平明显提高，标准化、智能化水平全面提升，平均服役寿命明显延长，基本实现并不断完善管理体系和管理能力现代化。

1.1 我国城市装配式混凝土板梁桥简介

1.1.1 混凝土板梁桥的起源

1875年，法国人J. Monier建成了世界上第一座跨度16m的钢筋混凝土桥梁[6]，至今钢筋混凝土桥梁已有近150年历史。1886年，美国人T. Hyatt对钢筋混凝土梁开展试验，奠定了钢筋混凝土理论研究基础。1900年以后，钢筋混凝土结构在工程界才得到了大规模的使用。1905年，比利时建成了跨度55m的钢筋混凝土桥[7]。1928年，法国人E. Fressinet在对混凝土和钢材性能进行大量试验和研究的基础上，总结出预应力混凝土必须采用高强钢材和高强混凝土的结论。1938年，德国人E. Hoyer成功研究出不靠专用锚具传力的先张法预应力工艺，为预应力混凝土构件工厂化生产提供了简单可靠的方法。1950年成立的国际预应力混凝土协会更是极力促进预应力混凝土技术的发展[8]。

钢筋混凝土于20世纪初传入我国。1921年建成了河南洛阳的天津桥，由21孔简支T形梁组成，每孔跨度9.2m，全长206m。20世纪50年代，随着我国交通建设事业的迅速发展，钢筋混凝土在各类桥梁工程中得以大规模应用。我国铁路和公路桥梁中的钢筋混凝土简支梁式结构最大跨度均达到20m[9]。1953年，我国从苏联引进了一批标准图，如T形和Ⅱ形预制钢筋混凝土简支梁桥以及带挂孔的钢筋混上悬臂梁桥，推进了我国中小跨度钢筋混凝土梁桥的发展。1956年，交通部公路规划设计院与交通部科学研究院合作设计，并由交通部第七工程局施工，建成了我国公路上第一座预应力混凝土桥——京周公路哑巴河桥[10]。

1.1.2 空心板梁桥

1. 截面形式

20世纪30年代，预应力混凝土空心板梁就已经在国外出现并被应用到实际工程中[11]。美国在1950年开始建造，比如美国密歇根州3890座预应力混凝土桥梁中的58%为装配式空心板桥梁[12]，典型断面如图1.5所示。

我国空心板梁桥的建造始于20世纪60年代[13]，设计人员主要参考苏联的标准图，

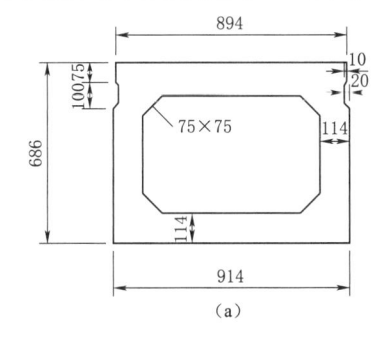

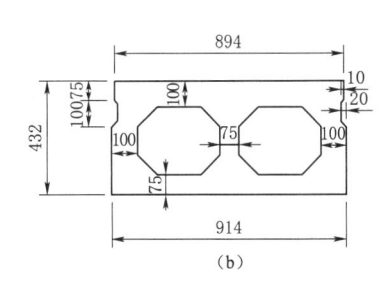

图1.5 1956年美国空心板典型断面图（单位：mm）

且受施工工艺限制,有些还采用钢筋混凝土实心截面。随着木制芯模和抽芯工艺不断成熟完善,空心板梁逐步取代了实心板梁被广泛使用。

1973年,交通部公路规划设计院编制了《公路桥涵标准图 装配式预应力混凝土空心板》(JT/GQB 001—73)[14],成为第一套装配式空心板桥的标准图,图纸的颁布开启了我国装配式混凝土空心板桥设计标准化和系列化的进程。该标准图基于汽-15级与汽-20级荷载,适用于跨径为8~16m的梁桥中,空心部分为上、下圆弧段,中间为直线段构成的接近圆形或直接为圆形的截面形式,如图1.6所示。

20世纪80年代初期,由于预应力技术在桥梁行业得到了快速发展,空心板梁施加预应力可以降低梁板截面高度,达到减轻梁板自重的效果,以至于大部分跨径大于13m的空心板梁均采用了预应力体系。由于预应力体系有着比较突出的经济性能,很快得到了业内的认可。交通部于1984年、1993年分别颁布了第二套、第三套空心板梁标准图[15]。第二套标准图桥梁板底宽1.0m,主要跨径有5.0m、6.0m、8.0m、10.0m、13.0m、16.0m。该标准图跨径为8.0m、10.0m、13.0m的空心板梁内部为两个圆形,16m跨径的空心板梁内部为一个圆形,标准截面如图1.7所示。

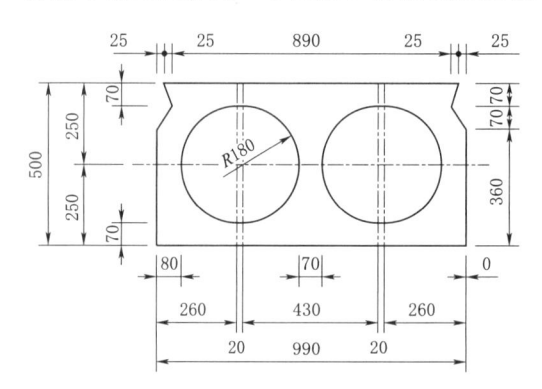

图1.6 JT/GQB 001—73空心板标准断面图（单位：mm）

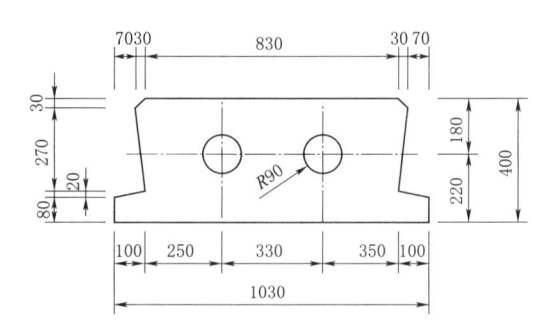

图1.7 JT/GQB 001—93空心板标准断面图（单位：mm）

2008年,交通部颁布了最新的空心板梁通用图[16],这套通用图梁板底部宽有1.0m、1.24m等多种型式,跨径主要有10m、13m、16m和20m。这套标准图充分汲取了前三套标准图的优点,且减少了相应标准图的缺点,所有梁板均采用深铰缝横向联结,改善了铰缝的高度,典型截面如图1.8所示。

随后,一些省份也结合其省内空心板的使用现状,开展了相关研究。2011年,广东省交通运输厅组织广东省交通集团有限公司、广东省高速公路有限公司成立专家团队,依托潮惠、包茂高速公路,组织相关单位开展"空心板常见病害分析及综合改进措施研究"等专题研究,开启广东省高速公路设计标准化研究工作[17]。历时三年,制定了设计标准化管理办法,发布包括空心板在内的3批技术成果共255册通用图（参考图）,如图1.9所示。形成的多项配套技术成果已在广东省高速公路全面推广应用,取得了良好的经济效益和社会效益。

2015年,上海市城乡建设和管理委员发布了由上海市政工程设计研究总院（集团）有限公司主编的《先张法预应力混凝土空心板（桥梁）》（DBJT 08-101—2015），于 2015 年 12 月 1 日正式实施，成为上海市建筑标准设计[18]。主要跨径有 10m、13m、16m、18m、20m 和 22m。

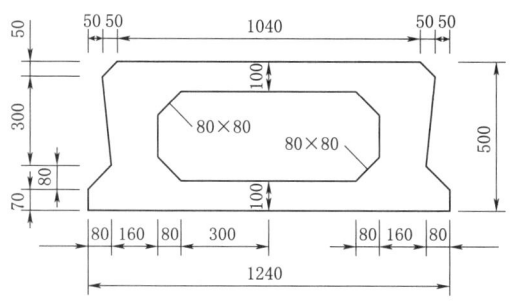

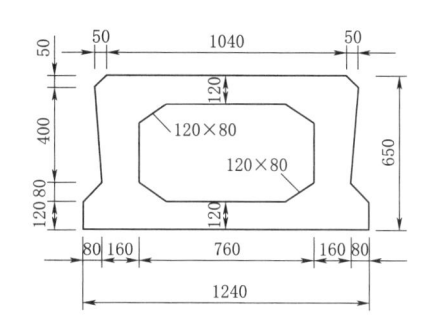

图 1.8　2008 版空心板通用图标准断面图（单位：mm）

图 1.9　2014 版广东省高速公路设计标准化空心板标准断面图（单位：mm）

回顾空心板多年发展历程可知，从 20 世纪 60 年代以来，交通部陆续发布了多种与装配式混凝土板桥相关的标准图、通用图和设计图。这些标准图和设计图是在总结前期经验的基础上不断推动改进和完善空心板设计理论及施工技术的成果。随着我国公路建设尤其是高速公路及城市道路建设的蓬勃发展，装配式板梁桥的相关图纸仍在不断发挥关键作用，为桥梁设计施工技术的进一步发展打下了坚实基础。

2. 铰缝连接

装配式空心板梁桥的上部结构由横向并排放置的多块空心板构成，为保证共同承受车辆荷载，空心板之间须采用横向连接构造。国内装配式空心板梁桥最常用的横向连接方式为企口式混凝土铰连接[19]。企口式混凝土铰连接是在板间预留的空隙内浇筑细骨料混凝土将相邻空心板横向连接成整体的连接方式，从受力体系上近似视为铰。铰缝连接形式主要有菱形和漏斗形，如图 1.10 所示。

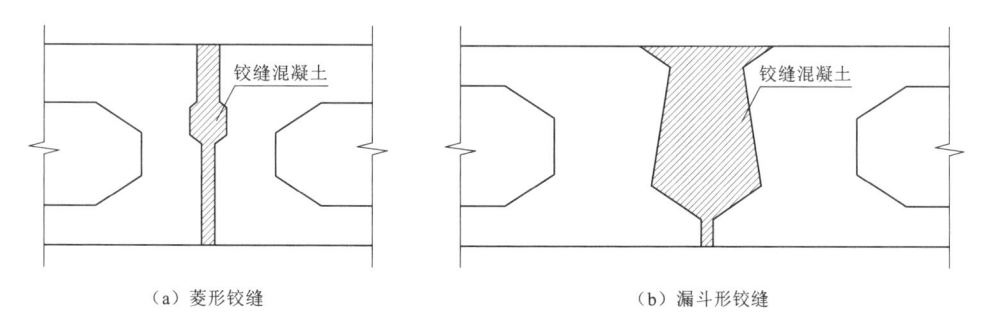

（a）菱形铰缝　　　　　　　　　　　（b）漏斗形铰缝

图 1.10　空心板混凝土铰缝构造示意图

受传统铰接板理论的影响，国内早期设计的空心板铰缝深度较浅、尺寸偏小，铰缝开口处的宽度较窄，仅为 8~9cm，不利于混凝土浇筑和振捣棒插入；铰缝中的钢筋与空心板间的连接钢筋少，在车辆荷载长期作用下，铰缝容易损坏。随着工程经验的逐步累积和设计理论的不断完善，铰缝形式也由早期的浅铰缝逐渐发展为深铰缝，铰缝深度与空心板

第1章 绪论

总高度之比从浅铰缝的0.3左右增大到深铰缝的0.8以上，铰缝混凝土抗弯惯性矩及铰缝与空心板接触面积显著增加。空心板截面设计参数变化情况见表1.1~表1.3。此外，加大了剪刀形钢筋的直径，并在空心板顶增设了抗剪连接钢筋，如图1.11所示。

表1.1　　　　　　　　　　　深浅铰缝截面参数对比表

对比项目	跨径/m	铰缝深/cm	下部最大宽度/cm	上部最小宽度/cm	截面面积/cm²	抗弯惯性矩/cm⁴	与板接触长度/cm
1973版标准图	13	14	11	6	101.5	1163.4	32.1
2008版通用图	13	58	17	11	782.0	203096	126.9

表1.2　　　　　　　　　　　不同跨度空心板主要参数表

图纸版本	跨径/m	板高/cm	铰缝深/cm	铰缝深/板高
1973版标准图	8	40	14	0.35
	10	50	14	0.28
	13	60	14	0.23
	16	70	14	0.20
1984版标准图	8	40	32	0.80
	10	40	32	0.80
	13	55	47	0.85
	16	70	62	0.89
1993版标准图	10	50	43	0.86
	13	60	43	0.72
	16	75	43	0.57
	20	90	43	0.48
2008版通用图	10	60	48	0.80
	13	70	58	0.83
	16	80	68	0.85
	20	95	83	0.87

表1.3　　　　　　　　　　　不同跨度空心板钢筋及混凝土用量表

图纸版本	跨径/m	板高/cm	板宽/m	荷载等级	钢筋/mm²	混凝土/m³
1973版标准图	8	40	99	汽-15（汽-20）	170.6（188.1）	1.74
	10	50	99	汽-15（汽-20）	234.1（250.3）	2.67
	13	60	99	汽-15（汽-20）	357.3（394.1）	3.86
	16	70	99	汽-15（汽-20）	501.4（554.1）	5.12
1984版标准图	8	40	103	汽-超20	404.1	2.5
	10	40	103	汽-超20	270.2	3.1
	13	55	103	汽-超20	398.1	5.0
	16	70	103	汽-超20	535.0	6.6

续表

图纸版本	跨径/m	板高/cm	板宽/m	荷载等级	钢筋/mm²	混凝土/m³
1993版标准图	10	50	124	汽-15、汽-20	474.6	3.7
	13	60	124	汽-15、汽-20	686.5	6.0
	16	75	124	汽-15、汽-20	927.5	10.1
	20	90	124	汽-15、汽-20	1265.1	12.8
2008版通用图	10	60	124	公路-Ⅰ级	789.7	4.19
	13	70	124	公路-Ⅰ级	1188.1	5.82
	16	80	124	公路-Ⅰ级	1547.5	7.68
	20	95	124	公路-Ⅰ级	2078.3	10.53

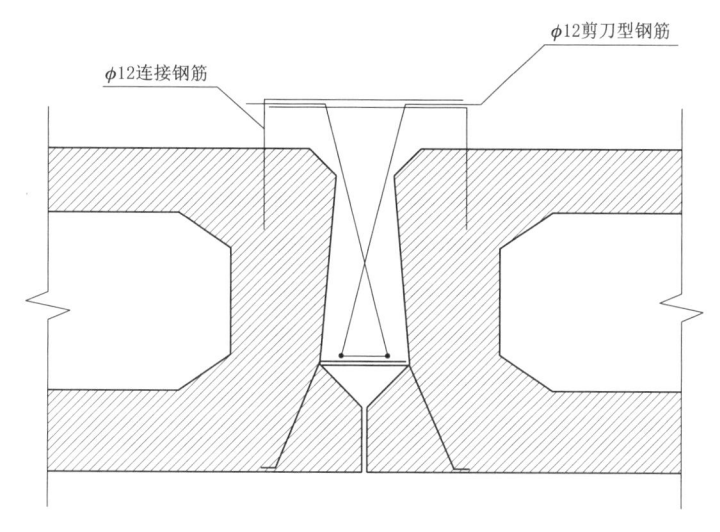

图1.11 空心板铰缝抗剪连接钢筋示意图

1.1.3 板梁桥的特点

混凝土板梁桥是小跨径简支梁桥中最常用的桥型之一，因建成后上部构造的外形像一块薄板而得名。板桥的突出优点是建筑高度小，适用于桥下净空受限制的桥梁，与其他类型的桥梁相比，可以降低桥头引道高度和缩短引道的长度，因而常常用在城市道路或立交工程中。板桥的主要优点如下：

（1）外形简单，制作方便。不但外部几何形状简单，而且内部一般无须配置抗剪钢筋，仅按构造弯起斜筋。因而，施工简单，模板及钢筋工作都较节省，也利于工厂化成批生产。

（2）建筑高度小，适宜于桥下净空受到限制的桥梁使用，与其他桥型相比较，既降低桥面高度，又可缩短引道长度。

（3）对于整体式板桥，由于是双向受力结构，因而比一般梁有更高的承载能力和更大的刚度。本身构造简单，极易适应斜、弯、坡及S形、喇叭形或形状更复杂桥梁的要求。

（4）对于装配式板桥的预制构件，便于工厂化生产，构件重量较轻，便于安装。

板桥的主要缺点是跨径不宜过大，随着跨径的增大，板的厚度就要增加，这使得截面材料不能充分发挥作用，而且增加了自重，为此板的截面中部常常被部分地挖空，做成空心板桥。

目前，国内使用的装配式简支板梁桥，单块板横向板块宽多采用1m，安装后板块之间多采用混凝土铰接缝，整体可视为双向受力结构。其中，梁板为承重结构，铰接缝和桥面板为传力结构，借助于铰接缝的传力作用，将外荷载依次分配给相邻的各块板，根据板间变形协调的程度决定分配比例，具体系数的数值和梁板间连接形式及其效果有关。即外荷载是由所有板块（或大部分板块）共同承担，只是每块板所承担的值不同，而铰接缝就承担着梁板间传递内力并约束位移的关键作用。

从结构力学的角度来看，对于复杂结构的强度计算和设计而言，精确求解的过程相当复杂，不仅会造成设计工作的不便，而且其实际意义也相对有限。因此，在实际设计过程中通常采用最值控制方法，即先识别结构中受力最大的板块，并确保这些板块能够满足设计要求，可以将复杂的双向受力结构简化为单向受力的简支梁模型。这种简化使得整个设计过程更为高效，同时也确保了结构的安全性和可靠性。

然而，在确定每块板的最大承载力时，考虑到外荷载的类型和位置可能会发生变化，因此采用传统的精确求解方法显然不太现实。为解决这一问题，通常利用结构力学中的影响线原理来进行近似理论求解。具体而言，需要求得荷载横向分布的影响线，只要得到了每块板的影响线，就可以方便地计算出其承受的最大外荷载，也就是内力最大值。此时，近似理论求解方法可以采用铰接板法，假定板块之间的铰仅传递竖向剪力，而作用在桥跨上的集中荷载则可以近似地用沿桥跨连续分布的正弦等效荷载代替。

1.2　常见病害及成因分析

根据近些年来的桥梁实际案例总结可知，装配式混凝土板梁桥常见的主要病害有：铰缝损伤或开裂；板端因张拉预应力束易产生裂缝；板体出现纵、横向裂缝；支座脱落；桥面铺装开裂；板的挠度过大；铰缝或伸缩处渗漏水；板体混凝土脱落或露筋等；部分梁板处于单板受力状态。这些病害会不同程度地影响板梁的承载力、耐久性和正常使用功能，存在安全隐患，甚至可能引发事故。

各种病害产生的原因不同，其危害有所差异，维修加固的方法也有所区别。

1. 设计方面

桥梁设计上的问题主要是在设计细节上考虑不合理或设计参数选取不当，导致桥梁产生结构病害。由于设计问题而使桥梁结构产生的病害，一般都与结构受力有关系，且会随时间而发展严重。

2. 施工方面

施工问题是引起桥梁缺陷和病害的主要原因，特别是在钢筋混凝土和预应力混凝土结构中，缺陷和病害多数是由于其施工质量不良和施工工期不合理而引起的。由于施工的问题，桥梁结构的某些缺陷和病害外露明显，但也有一些隐蔽性的施工缺陷直至桥梁营运后才逐渐显露出来，甚至可能成为病害。施工中存在的问题具体表现在以下方面：

(1) 追求速度，牺牲质量。

我国以往工程建设存在的一个突出问题就是缺乏必要的前期预研、勘察与论证。一旦决定建设就追求施工进度，压缩施工工期，但桥梁工程的三个目标——速度、质量和经济，相互制约，而且三个目标只能追求两个，而不能同时实现。这样的施工方式常带来安全隐患，受害最深的则是桥梁结构的耐久性及使用寿命。

我国现在面临的耐久性问题是发达国家在二三十年以前曾经遇到过的，如果说存在差异，则在于这些问题对我们来说要更为严峻。如果再不采取措施，则今天建成的工程经历二三十年甚至在更短的时间内又将被翻修或拆除重建，这样就会陷入永无休止的大建、大修、大拆与重建的怪圈之中。直到现在，耐久性问题尚未引起我国政府部门和广大设计施工人员的足够重视。国外工程合同文件中，常有提前完成施工要受到处罚的明确规定，因为缩短工期意味着偷工减料的可能，而这样的文件在我国鲜有报道。

(2) 施工和管理水平的制约。

大量桥梁在远没有达到预期使用寿命时出现病害与劣化，特别是一些桥梁在只使用了几年，甚至刚建成不久就出现严重的耐久性不足问题，这与施工质量低下有重要关系。目前，我国土建工程施工典型的问题有钢筋保护层不足及目前广泛存在于施工现场的严重的构件开裂问题（主要原因包括：水泥选用、混凝土配合比、振捣、养护不当及预应力施加不合理等）。

施工缺陷虽然短期内不会对桥梁的正常使用产生明显影响，但却会对结构的长期耐久性产生非常不利的危害，导致了我国已建工程的早期劣化比国外更加严重。

近年来，世界各国都以改善混凝土的耐久性为主要目标，而我国在这方面却起步较晚。项海帆院士[20]认为，我国将持续处于大规模建设高潮中的混凝土材料高消耗期。另外由于土建工程的耐久性设计标准过低，施工质量又较差，就在目前大规模新建高潮中，也已面临已建工程出现过早劣化的巨大压力。为了保证混凝土的耐久性，有必要对过快的混凝土施工进度加以适当控制，政府有关部门从国家的长远利益出发，需进行一定的干预，更不能带头提倡和指使盲目抢工。

人为差错是引起安全事故的一个重要方面。我国土建工程一线施工工人大多没有经过专业的安全培训，施工管理水平低下也是一个突出问题，因此难以及时发现和有效消除人为差错。

(3) 建筑材料质量问题不容忽视。

我国材料市场中存在着假冒伪劣、以次充好的问题，水泥、钢材、预应力器材、模板以及基础工程中的材料都或多或少地存在着质量问题，必须加强施工监理和质量监督。

3. 运营管理方面

桥梁结构在设计寿命周期内各个组成部件具有不同的耐久性极限，需要定期检测、评价、鉴定、养护、修理，甚至更换或加固，才能保证结构在设计寿命期内的服务功能。重建轻养的直接结果包括：随着交通量的与日俱增和车辆载重的不断提升，很多桥梁处于带病超负荷运营状态，损坏速度不断加快。

4. 其他原因

(1) 灾害与事故。

自然灾害会使桥梁产生相应病害，例如地震、洪水、泥石流和火灾等，会造成桥梁不同部位病害并会引起中断交通。

事故也是使桥梁产生相应病害的原因，例如船舶撞桥、车辆撞桥、车载重物由车辆下坠落至桥面等。

(2) 重载交通。

即为超载车作用。中小跨径桥梁的上部结构会由此产生较大的结构病害；而对大跨径桥梁，会引起桥面铺装病害。

1.3 常用加固方法及技术特点

1.3.1 加固方法分类

1. 按技术原理分类

桥梁结构加固按技术原理划分主要有 3 种类型：加强薄弱构件、增加或更换桥梁构件、改变结构受力体系。

2. 按技术特征分类

工程中最常用的加固方法有增大截面加固法、粘贴钢板加固法、粘贴纤维带加固法、预应力加固法、改变结构体系加固法、增强横向整体性加固法等。

3. 按加固手段的主被动性分类

结构加固的主要目的是恢复或提高结构的承载能力，延长其使用寿命。从工作原理上讲通常分为被动加固和主动加固两类。被动加固的后补强材料被动受力，只承担活载和后增加恒载引起的内力；而主动加固后增加的预应力钢筋主动受力，依靠预加力改善原梁的应力状态，达到补强目的。

被动加固方法包括增大截面加固法、粘贴钢板加固法、粘贴纤维带加固法、增强横向整体性加固法等。

主动加固方法包括预应力加固法、改变结构体系加固法等。

4. 按加固目的分类

按加固目的分为承载力加固（强度加固）、使用功能加固（刚度加固）、耐久性加固、抗震加固。

承载力加固是确保结构安全工作的基础。既有或新建的结构由于使用年限过长或设计不合理、施工误差等原因，出现承载力不足，需要对其进行补强加固，以满足使用要求。

使用功能加固是确保结构正常工作的需要，工程结构由于材料老化、负荷加重及功能改变等原因，出现变形过大、承载力不足的情况，需对其进行补强加固，增加截面刚度，确保结构正常工作。

耐久性加固是指对结构损伤部位进行修复和补强，提高结构的可靠性，提高结构的使用功能，延长结构使用寿命。桥梁结构由于出现裂缝、钢筋锈蚀等需要对结构损伤部位进行修复、补强和加固，以阻止结构损伤部分的性能继续恶化，消除损伤隐患，延长结构使用寿命。

抗震加固是使现有建构筑物达到抗震要求的设计与施工的统称，包括加大截面加固法、置换混凝土加固法、有粘结外包型钢加固法、粘贴钢板加固法、粘贴纤维增强塑料加固法、绕丝法、锚栓锚固法、外包钢管抗震加固法。对抗震能力不足的桥梁，应进行抗震加固。按照对象不同，可分为桥梁系统抗震加固与构件抗震加固。

5. 按加固部位分类

按桥梁加固的部位可分为桥面现浇层加厚、上部结构加固、下部结构加固、基础加固等。

1.3.2 桥梁加固技术改造

桥梁加固技术改造是一项十分复杂的系统工程，它所需要考虑的因素及涉及的问题很多，从某种意义上讲，无论是技术改造方案的拟定与设计计算，还是技术改造的具体实施其难度要比新建桥梁还大，其风险性和技术难度很高，因此必须慎重处之。

一般情况下桥梁加固技术改造方案的拟定，首先要根据桥梁现有的技术状况和通行荷载的要求，对技术改造的必要性和可行性作出判断，然后对各种可能的技术改造方案的技术经济效果进行分析比较，从中选择合理的加固技术改造方案。

1. 加固改造的一般特点

（1）桥梁的加固技术改造工程通常要求在不中断交通或尽量少中断交通的条件下进行施工。

（2）加固改造的施工现场狭窄、拥挤，常受原有结构物的制约。

（3）补强加固施工往往对原有结构物及相邻结构构件产生不利影响。

（4）加固改造施工中对原有结构的拆除、清理工作量大，工程较烦琐零碎，并常常隐含许多不安全因素。

2. 加固改造的技术要求

（1）加固改造方案及实施应尽量减少对原有结构的损伤，并充分利用原有的结构构件且应保证原有结构保留部分的安全性与耐久性。加固改造的方案拟定与设计计算，要充分考虑新、旧结构的强度、刚度与使用寿命的均衡，以及新、旧结构的共同工作。对于确无利用价值的构件则予以拆除，但其材料应尽量回收。

（2）加固改造应做到结构可靠、安全、耐久，满足使用要求。

（3）加固改造工程的技术经济指标应包括由于交通受阻等所带来的损失。

（4）加固改造工程的施工应是技术上简易可行，施工方便，所要求的机具设备尽量简单。

（5）对于某些因下部结构或基础的不均匀沉降等而导致的上部结构损伤，或由于其他偶然因素（如地震等）所引起的结构损伤，在进行补强加固时应同时考虑采取消除、减小或抵御这些不利因素的措施，以免在加固后结构物继续受这些因素的影响。

3. 加固方法选用的原则

（1）安全性原则。桥梁经加固后，其结构性能、承载力和耐久性都能达到使用上的要求。在对桥梁上部结构加固时，应考虑到加固对桥梁下部结构及基础的影响。

（2）经济性原则。加固方法的选择不仅要考虑加固工程施工阶段的造价，而且要综合考虑加固后运营期维护、维修等的费用。

（3）适用性原则。针对桥梁结构形式，病害部位、成因及严重程度，桥位的自然、水文、地形条件，能否封闭交通等条件，选择适用的加固方法。加固方法选择应考虑对结构净空、净宽等的影响，满足结构使用性要求。

（4）施工便利性原则。加固设计与加固施工要综合考虑，尽量选择施工简便、便利的加固方法，有条件的情况下可进行动态设计。

1.3.3 加固方法对比

钢筋混凝土板梁桥主要病害及典型加固方法见表1.4，可结合几种方法同时使用。

表1.4 钢筋混凝土板梁桥主要病害及典型加固方法

病害	结构型式	加固目的	加固方法	优点	缺点
跨中受拉区域横向裂缝	整体板、空心板、矩形板	提高结构抗弯承载力，改善结构应力状态	粘贴钢板	提高抗弯、抗剪承载力，改善应力分布，施工方便	被动加固
			粘贴纤维复合材料	增加应力储备，施工方便，轻质高强、操作简单、易于粘贴、不锈蚀	将梁体表面覆盖，不利于结构检查；片材加固一定时间后有脱落现象
			增加体外预应力	增加应力储备、提高结构承载力	技术难度高，尤其是对转向和锚固部位要求高，对原结构有一定损伤
			桥面连续加固	增强梁板的刚度，提高桥梁的承载能力，并改善行车条件	对交通影响较大
梁端区域斜截面裂缝	整体板、空心板、矩形板	提高结构抗剪承载力，改善结构应力状态	粘贴钢板	提高抗弯、抗剪承载力，改善应力分布，施工方便	增加结构自重和恒载弯矩
			粘贴纤维复合材料	增加应力储备，施工方便，轻质高强、操作简单、易于粘贴、不锈蚀	将梁体表面覆盖，不利于结构检查；片材加固一定时间后有脱落现象
桥面铺装铰缝位置纵向裂缝	空心板、矩形板	加强梁板间横向联系，提升上部结构整体性，提高承载力	增强横向联系	提高桥梁结构的抗弯刚度和承载能力，提高整体受力性能	对交通影响较大，加厚桥面板使结构自重和恒载弯矩增加
			铺设桥面补强层	改善装配式梁桥接缝部位的开裂现状，提高整体受力性能	对交通影响较大
			重做铰缝	改善装配式梁桥接缝部位的开裂现状，提高整体受力性能	对交通影响较大

1.4 本书的主要研究工作和技术路线

1.4.1 主要研究工作

本书基于华北水利水电大学与河南省新乡市市政设计研究院校企合作课题"城市钢筋混凝土梁桥维修加固关键技术"，在现有研究成果基础上，通过文献检索、现场调查以及实桥的维修加固工程实践，对城市装配式混凝土板梁桥维修加固关键技术开展系统研究，主要内容包括：归纳城市装配式混凝土板梁桥的主要病害特征和产生原因；总结城市装配式混凝土板梁桥的常用加固方法；对比分析不同规范之间对于城市装配式混凝土板梁桥检测评定方法的异同；结合课题依托的工程项目，给出针对承载力不足、单板受力问题以及支座病害等方面的维修加固实例，并对相关方法体系进行了应用和验证。

1.4.2 技术路线

本书相关研究所采用的关键技术路线如图 1.12 所示。

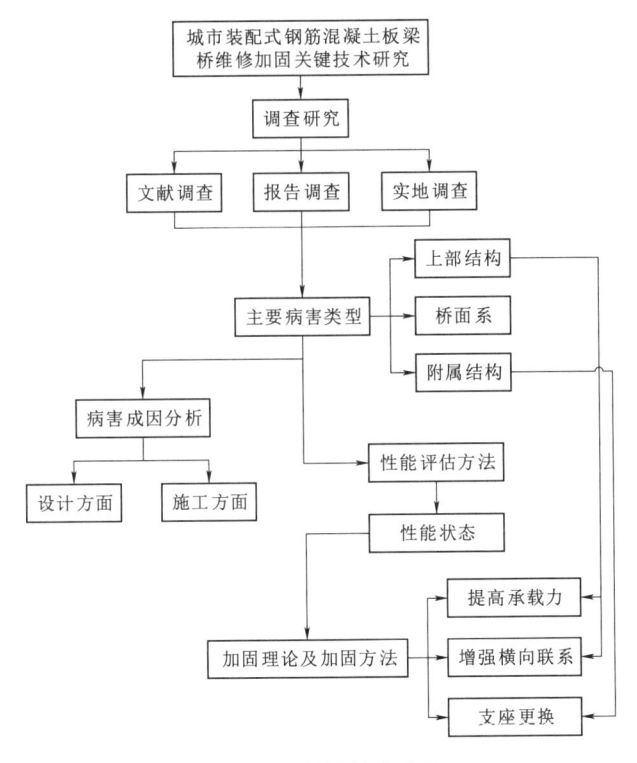

图 1.12 关键技术路线

参考文献

[1] 交通运输部．2022 年交通运输行业发展统计公报 [N]．交通运输部网站：https://xxgk.mot.gov.cn/2020/jigou/zhghs/202306/t20230615_3847023.html.

[2] 孙莉, 刘钊. 2000—2008年美国桥梁倒塌案例分析与启示 [J]. 世界桥梁, 2009 (3): 46-49.
[3] Wardhana, Kumalasari, Hadipriono, F. C. Analysis of recent bridge failures in the United States [J]. Journal of performance of Constructed Facilities, 2003, 17 (3): 144-150.
[4] 张方, 张开权, 邓捷超, 等. 桥梁评估与加固2020年度研究进展 [J]. 土木与环境工程学报 (中英文), 2021, 43 (S1): 152-166.
[5] 《中国公路学报》编辑部. 中国桥梁工程学术研究综述·2021 [J]. 中国公路学报, 2021, 34 (2): 1-97.
[6] 钱冬生. 谈桥梁 [M]. 成都: 西南交通大学出版社, 2008.
[7] 万明坤, 项海帆, 秦顺全, 等. 桥梁漫笔 [M]. 北京: 中国铁道出版社, 2015.
[8] 朱尔玉, 刘磊. 桥梁文化与美学 [M]. 北京: 北京交通大学出版社, 2019.
[9] 项海帆, 潘洪萱, 张圣城, 等. 中国桥梁史纲: 新版 [M]. 上海: 同济大学出版社, 2013.
[10] 向中富, 徐伟. 天堑变通途: 中国桥梁70年 [M]. 重庆: 重庆大学出版社, 2019.
[11] Russell H G. Adjacent precast concrete box-beam bridges: State of the practice [J]. PCI Journal, 2011, 56 (1): 75-91.
[12] Attanayake U, Aktan H. First-generation ABC system, evolving design, and half a century of performance: Michigan side-by-side box-beam bridges [J]. Journal of Performance of Constructed Facilities, 2015, 29 (3): 04014090.
[13] 谢方. 一座新型跨线桥的设计与施工 [J]. 土木工程学报, 1966 (S4): 41-46.
[14] 交通部公路规划设计院. JT/GQB 001—73 公路桥涵标准图 装配式预应力混凝土空心板 [S]. 北京: 人民交通出版社, 1978.
[15] 交通部公路规划设计院. JT/GQB 001—93 公路桥涵标准图 装配式预应力混凝土斜空心板桥上部构造 (后张法钢绞线) [S]. 北京: 人民交通出版社, 1993.
[16] 交通部专家委员会, 等. JT/GQB 002—93 公路桥涵通用图 装配式后张法预应力混凝土简支空心板梁上部构造 [S]. 北京: 人民交通出版社, 2008.
[17] 广东省交通运输厅. 广东省高速公路工程设计标准化指南 [M]. 北京: 人民交通出版社, 2017.
[18] 上海市政工程设计研究总院 (集团) 有限公司. DBJT 08-101—2015 先张法预应力混凝土空心板 (桥梁) [S]. 上海: 同济大学出版社, 2015.
[19] 邵旭东, 等. 桥梁工程 [M]. 5版. 北京: 人民交通出版社, 2019.
[20] 项海帆. 21世纪中国桥梁的发展之路 [J]. 科技导报, 2015, 33 (5): 1.

第 2 章 城市装配式混凝土板梁桥评定技术及维修方法研究

由于桥梁结构的长期使用和环境机理、材料劣化、施工缺陷以及超载等因素的影响，桥梁结构通常会产生不同程度的损伤和病害，如混凝土开裂、梁体下挠、钢筋锈蚀等[1]。为了保证和恢复桥梁结构的正常运营和承载能力，需要对桥梁结构进行全面的损伤原因和损伤程度综合分析，并结合实际情况及技术、经济条件等因素，制定出科学合理的维修加固方案[2]。本章首先简要介绍《公路桥涵养护规范》(JTG 5120—2021)、《公路桥梁技术状况评定标准》(JTG/T H21—2011)、《城市桥梁养护技术标准》(CJJ 99—2017)、《公路桥梁承载能力检测评定规程》(JTG/T J21—2011)等规范的评定方法，从桥梁现状检查、桥梁承载力评估等方面对某在役桥梁进行检测和评估，得出病害损伤的原因和对桥梁结构的影响，为后续的维修加固工作奠定基础；最后根据桥梁病害实例，提出具体的维修加固方案，为相关从业人员提供参考。

2.1 基于规范（或标准）的评定方法及实例对比分析

2.1.1 基于桥梁养护规范的评定方法及实例

《公路桥涵养护规范》(JTG 5120—2021)[3] 桥梁评定分为一般评定和适应性评定。其中一般评定根据桥梁定期检查资料，通过对桥梁各部件技术状况的综合评定，确定桥梁的技术状况等级，提出各类桥梁的养护措施；适应性评定依据桥梁定期检查及特殊检查资料，结合试验与结构分析，评定桥梁的实际承载能力、通行能力、抗洪能力，提出桥梁养护、改造方案。

对于全桥总体技术状况等级评定，宜采用考虑桥梁各部件权重的综合评定方法，亦可按重要部件最差的缺损状况进行评定或对照 JTG 5120—2021 给出的桥梁技术状况评定标准进行评定。

1. 桥梁各部件技术状况评定方法

(1) 根据缺损程度（大小、多少或轻重）、缺损对结构使用功能的影响程度（无、小、大）和缺损发展变化状况（趋向稳定、发展缓慢、发展较快）等三个方面，以累加评分方法对各部件缺损状况做出等级评定。即依据缺损程度、缺损对结构功能的影响程度、缺损发展变化状况进行量化评分，采用标度法并叠加发展趋势的修正值。综合评定标度见表 2.1。

表 2.1　　　　　　　　　　桥梁部件缺损状况评定方法

缺损状况及标度			组合评定标度				
缺损程度及标度		程度	小→大 少→多 轻度→严重				
		标度	0	1	2		
缺损对结构使用功能的影响程度	无、不重要	0	0	1	2		
	小、次要	+1	1	2	3		
	大、重要	+2	2	3	4		
以上两项评定组合标度			0	1	2	3	4
缺损发展变化状况的修正	趋向稳定	−1	0	1	2	3	
	发展缓慢	0	1	2	3	4	
	发展较快	+1	1	2	3	4	5
最终评定结果			0	1	2	3	4	5
桥梁技术状况及分类			完好	良好	较好	较差	差的	危险
			一类	二类	三类	四类	五类

注　"0"表示完好状态，或表示没有设置的构造部件，当缺损程度标度为"0"时，不再进行叠加；"5"表示危险状态，或表示原未设置，而调查表明需要补设的部件。

（2）重要部件（如墩台与基础、上部承重构件、支座）以其中缺损最严重的构件评分；其他部件，根据多数构件缺损状况评分。

2. 计算结构技术状况评分 D_r

考虑各部件不同权重影响的技术状况评分按式（2.1）计算：

$$D_r = 100 - \sum_{i=1}^{n} R_i W_i / 5 \tag{2.1}$$

式中　D_r——全桥梁技术状况评分，值域为 0~100；

R_i——按表 2.1 所示方法对各部件确定的评定标度，值域为 0~5；

W_i——各部件权重，其数值按 JTG 5120—2012 中表 3.5.2-2 采用，表中共列 17 项部件的权重值，其总和为 100。若桥梁的实际部件少于 17 项时，各项权重值应按比例调整，即将表中的权重值乘以 $100/\sum W_i$。

3. 结构技术状况等级分类

根据计算得到的计算状况评分 D_r，将桥梁的总体技术状况等级分为 5 类：

$D_r > 88$ 为一类桥梁，表明技术状况处于完好、良好的状态；

$88 \geqslant D_r > 60$ 为二类桥梁，表明技术状况处于较好状态；

$60 \geqslant D_r > 40$ 为三类桥梁，表明技术状况处于较差状态；

$D_r \leqslant 40$ 为四、五类桥梁，表明技术状况处于差的状态，五类桥梁表示技术状况处于危险状态。

对一般评定划定的各类桥梁，应分别采取不同的养护措施：一类桥梁进行正常保养；二类桥梁需进行小修；三类桥梁需进行中修，酌情进行交通管制；四类桥梁需进行大修或改造，及时进行交通管制，如限载、限速通过，当缺损较严重时应关闭交通；五类桥梁需要进行改建或重建，且及时关闭交通。

4. 全桥技术状况综合评定实例

某板式梁桥上部结构为钢筋混凝土简支板，下部结构为桩柱桥台、柱式墩，钻孔灌注桩基础，无横向联系，共两跨，如图 2.1 所示。

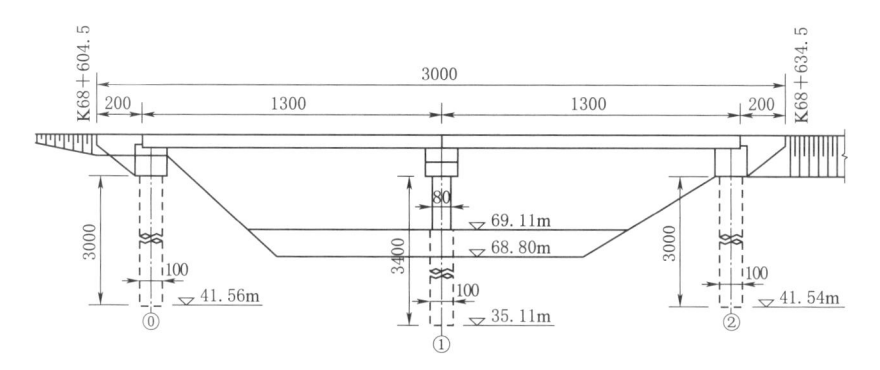

图 2.1　桥梁布置图（单位：cm）

该桥建成于 2003 年，在运营过程中桥梁产生以下主要病害，如图 2.2～图 2.5 所示。

图 2.2　梁底泛白渗水

图 2.3　桥面铺装横向贯通裂缝

图 2.4　支座老化变形

图 2.5　人行道纵向裂缝

(1) 桥面系：桥面铺装出现多条横向裂纹，局部网状裂缝，伸缩缝存在设置不当、缝内沉积物阻塞、接缝处铺装破损等现象，栏杆破损露筋锈蚀，北侧人行道存在铺装纵向裂缝破损现象。

(2) 上部结构：主梁均在跨中处出现横向贯通裂缝、渗水泛白等现象。

(3) 下部结构：桥台有大面积渗水泛白，支座多有轻微变形。

根据 JTG 5120—2021 的要求，对该桥梁进行技术状况等级评价，评定结果见表 2.2。

表 2.2　　　　　　　　　　某板式梁桥各构件综合评定表

序号	部件名称	缺损程度	对使用功能影响程度	发展状况的修订	最终评定标度	权重	得分
1	翼墙、耳墙	0	0	0	0	1	0
2	锥坡、护坡	0	0	0	0	1	0
3	桥台及基础	1	2	1	4	23	92
4	桥墩及基础	1	2	1	4	24	96
5	地基冲刷	0	0	0	0	8	0
6	支座	1	2	0	3	3	9
7	上部主要承重构件	2	2	0	4	20	80
8	上部一般承重构件	0	0	0	0	5	0
9	桥面铺装	2	2	0	4	1	4
10	桥头与路堤连接部	0	0	0	0	3	0
11	伸缩缝	2	2	1	5	3	15
12	人行道	1	1	0	1	1	1
13	栏杆、护栏	2	2	0	4	1	4
14	灯具、标志	0	0	0	0	0	0
15	排水设施	2	2	1	5	1	5
16	调治构造物	0	0	0	0	3	0
17	其他	0	0	0	0	1	0

注　D_r 为 38.8，技术状况评定等级为四类。

由表 2.2 可知，该桥技术状况评定为四类，属于差的状态，应对其进行中修。但其他部件例如伸缩缝、排水设施的技术状况等级为五类，属于危险状态，需要对其进行更换。

2.1.2　基于公路桥梁技术状况评定标准的评定方法及实例

《公路桥涵养护规范》（JTG 5120—2021）规定：桥梁技术状况评定应依据桥梁初始检查、定期检查资料，通过对桥梁各部件技术状况的综合评定，确定桥梁的技术状况等级，提出养护措施，评定应按现行《公路桥梁技术状况评定标准》（JTG/T H21—2011）[4] 执行。

JTG/T H21—2011 对公路桥梁技术状况的评定采用分层综合评定与 5 类桥梁单项控制指标相结合的方法，首先对桥梁各构件进行评定，然后对桥梁各部件进行评定，接着对桥面系、上部结构和下部结构分别进行评定，最后进行桥梁总体技术状况评定。以梁式桥为例,该技术状况评定方法的具体工作流程如下。

1. 桥梁构件技术状况评定

桥梁构件是指组成桥梁结构的最小单元,如一片梁、一个支座、一个桥墩等,桥梁上部结构、下部结构、桥面系构件技术状况评分按式(2.2)计算:

$$PMCI_l(BMCI_l/DMCI_l) = 100 - \sum_{x=1}^{k} U_x \qquad (2.2)$$

当 $x=1$ 时 $\qquad\qquad U_l = DP_{il}$

当 $x \geqslant 2$ 时 $\qquad U_x = \dfrac{DP_{ij}}{100\sqrt{x}}\left(100 - \sum_{y=1}^{x-1} U_y\right)$(其中 $j=x$)

当 $DP_{ij}=100$ 时 $\qquad PMCI_l(BMCI_l/DMCI_l) = 0$

式中 $PMCI_l$——上部结构第 i 类部件 l 构件的得分,值域为 0~100 分;

$BMCI_l$——下部结构第 i 类部件 l 构件的得分,值域为 0~100 分;

$DMCI_l$——桥面系第 i 类部件 l 构件的得分,值域为 0~100 分;

k——第 i 类部件 l 构件出现扣分的指标的种类数;

U_x、U_y——引入的变量;

i——部件类别,例如 i 表示上部承重构件、支座、桥墩等;

j——第 i 类部件 l 构件的第 j 类检测指标;

DP_{ij}——第 i 类部件 l 构件的第 j 类检测指标的扣分值,根据构件各种检测指标扣分值进行计算,扣分值按 JTG/T H21—2011 表 4.1.1 规定取值。

2. 桥梁部件技术状况评定

桥梁部件指结构中同类构件的总称,如梁、桥墩等。桥梁部件技术状况评定是对同类构件的评定结果进行统计处理,桥梁状况的技术评分按式(2.3)~式(2.5)计算:

$$PCCI_i = \overline{PMCI} - (100 - PMCI_{\min})/t \qquad (2.3)$$

$$BCCI_i = \overline{BMCI} - (100 - BMCI_{\min})/t \qquad (2.4)$$

$$DCCI_i = \overline{DMCI} - (100 - DMCI_{\min})/t \qquad (2.5)$$

式中 $PCCI_i$——上部结构第 i 类部件的得分,值域为 0~100 分;当上部构件中的主要部件某一构件评分值 $PMCI_i$ 在 [0,1) 区间时,其相应的部件评分值 $PCCI_i = PMCI_i$;

$\overline{PMCI}$——上部结构第 i 类部件各构件的得分平均值,值域为 0~100 分;

$BCCI_i$——下部结构第 i 类部件的得分,值域为 0~100 分;当下部构件中的主要部件某一构件评分值 $BMCI_i$ 在 [0,60) 区间时,其相应的部件评分值 $BCCI_i = BMCI_i$;

$\overline{BMCI}$——下部结构第 i 类部件各构件的得分平均值,值域为 0~100 分;

$DCCI_i$——桥面系第 i 类部件的得分,值域为 0~100 分;

$\overline{DMCI}$——桥面系第 i 类部件各构件的得分平均值,值域为 0~100 分;

$PMCI_{\min}$——上部结构第 i 类部件中分值最低的构件得分值;

$BMCI_{min}$——下部结构第 i 类部件中分值最低的构件得分值；

$DMCI_{min}$——桥面系第 i 类部件分值最低的构件得分值；

t——随构件的数量而变的系数，按 JTG/T H21—2011 表 4.1.2 规定取值。

3. 桥梁上部结构、下部结构、桥面系技术状况评定

桥梁上部结构、下部结构、桥面系技术状况评定是将桥梁各部件的技术状况评分按不同的权重，分别汇总到桥梁上部结构、下部结构和桥面系上。桥梁上部结构、下部结构、桥面系的技术状况评分，按式（2.6）计算：

$$SPCI(SBCI/BDCI) = \sum_{i=1}^{m} PCCI_i(BCCI_i/DCCI_i)W_i \quad (2.6)$$

式中 $SPCI$——桥梁上部结构技术状况评分，值域为 0~100 分；

$SBCI$——桥梁下部结构技术状况评分，值域为 0~100 分；

$BDCI$——桥面系技术状况评分，值域为 0~100 分；

m——上部结构（下部结构或桥面系）的部件种类数；

W_i——第 i 类部件的权重值，按 JTG/T H21—2011 表 4.2.1 取值，对于桥梁中未设置的部件，应根据此部件的隶属关系，将权重值分配给各既有部件，分配时按照各既有部件权重在全部既有部件权重中所占比例进行分配。

4. 桥梁总体技术状况评定

桥梁总体技术状况评定，是将桥梁上部结构、下部结构、桥面系的技术状况评分值按其在全桥中的权重汇总到全桥，桥梁总体的技术状况评分按式（2.7）计算：

$$D_r = BDCI \times W_D + SPCI \times W_{SP} + SBCI \times W_{SB} \quad (2.7)$$

式中 D_r——桥梁总体技术状况评分，值域为 0~100 分；

W_D、W_{SP}、W_{SB}——桥面系、上部结构和下部结构在全桥中的权重，按 JTG/T H21—2011 分别取值为 0.2、0.4 和 0.4。

按照求得的桥梁总体技术状况评分，确定桥梁技术状况评定等级，见表 2.3。

表 2.3   桥梁总体技术状况评定等级

总体技术状况评分 D_r	技术状况等级 D_j	桥梁技术状况描述
[95, 100]	1 类	全新状态，功能完好
(80, 95]	2 类	有轻微缺损，对桥梁使用功能无影响
(60, 80]	3 类	有中等缺损，尚能维持正常使用功能
(40, 60]	4 类	主要构件有大的缺损，严重影响桥梁使用功能；或影响承载能力。不能保证正常使用
(0, 40]	5 类	主要构件存在严重缺损，不能正常使用，危及桥梁安全，桥梁处于危险状态

5. 全桥技术状况等级评定

根据 JTG/T H21—2011 对 2.2.1 节的某板式梁桥进行技术状况评定，见表 2.4。

表2.4 某板式梁桥技术状况等级评定

部位	部件	得分	部件权重	评分	构件权重
上部结构	上部承重结构（主梁）	35.50	0.85	30.18	0.4
	支座	76.30	0.15	11.45	
	桥梁上部结构技术状况评分 SPCI			41.63	
下部结构	翼墙、耳墙	100	0.02	2	0.4
	锥坡、护坡	100	0.01	1	
	桥墩	65.60	0.30	19.68	
	桥台	65.60	0.30	19.68	
	墩台基础	100	0.28	28	
	河床	100	0.07	7	
	调治构造物	100	0.02	2	
	桥梁下部结构技术状况评分 SBCI			79.36	
桥面系	桥面铺装	59.70	0.40	23.88	0.2
	伸缩缝装置	0	0.25	0	
	人行道	80.30	0.10	8.03	
	栏杆、护栏	50.10	0.10	5.11	
	排水系统	0	0.10	0	
	照明、标志	100	0.05	5	
	桥面系技术状况评分 BDCI			43.02	
D_r	57	技术状况等级			四类

注　对于桥梁中未设置的部件，应根据此部件的隶属关系，将其权重值分配给各既有部件，分配时按照各既有部件权重在全部既有部件权重中所占比例进行分配。由于未设置上部一般构件，故将其权重按照比例进行分配。

由表2.4可知，全桥技术状况等级为四类，需要进行中修处理。

2.1.3 基于城市桥梁养护技术规范的评定方法及实例

《城市桥梁养护技术标准》（CJJ 99—2017）[5] 根据城市桥梁在道路系统中的地位，将城市桥梁养护类别分为Ⅰ~Ⅴ类。对于Ⅰ类养护的城市桥梁根据桥梁结构的完好状态分为合格和不合格两级；对于Ⅱ~Ⅴ类养护的城市桥梁应采用先构件后部件再综合及与单项直接控制指标相结合的办法分别对桥面系、上部结构、下部结构和全桥进行评估。

1. Ⅰ类城市桥梁完好状态等级评定

Ⅰ类养护的城市桥梁完好状态分为两个等级。

（1）合格级。桥梁结构完好或结构构件有损伤，但不影响桥梁安全。

（2）不合格级。桥梁结构构件损伤，影响结构安全。

2. Ⅱ~Ⅴ类城市桥梁技术状况评估

Ⅱ~Ⅴ类养护的城市桥梁，以桥梁状况指数 BCI 确定桥梁技术状况，以桥梁结构指数 BSI 确定桥梁不同组成部位的结构状况。根据桥梁定期检查记录，首先按照分层加权的方法对桥面系、上部结构和下部结构进行评估，然后综合得出整个桥梁的技术状况。

（1）桥面系技术状况评定。桥面系的技术状况用桥面系状况指数 BCI_m 表示，桥面系的结构状况用桥面系结构指数 BSI_m 表示。根据桥面铺装、桥头平顺、伸缩装置、排水系统、人行道和栏杆等要素的损坏扣分值，BCI_m 和 BSI_m 按式（2.8）和式（2.9）计算：

$$BCI_m = \sum_{h=1}^{a}(100-MDP_h)w_h \quad (2.8)$$

$$BSI_m = (100-MDP_h)_{\min} \quad (2.9)$$

式中　h——桥面系的评估要素，包括桥面铺装、桥头平顺、伸缩装置、排水系统、人行道和栏杆；

　　　a——桥面系评价要素的总和；

　　MDP_h——桥面系第 h 要素中损坏的综合总扣分值，$MDP_h = \sum_i DP_{hi} w_{hi}$，当 $MDP_h < (DP_{hi})_{\max}$ 时，取值为 $(DP_{hi})_{\max}$，当 $MDP_h > 100$ 时，取值为 100，其中，DP_{hi} 为桥面系第 h 类要素中第 i 项损坏的扣分值，按 CJJ 99—2017 附录 D-1 取值；w_{hi} 为桥面系第 h 类要素中第 i 项损坏的权重，$w_{hi} = 3.0\mu_{hi}^3 - 5.5\mu_{hi}^2 + 3.5\mu_{hi}^k$；$\mu_{hi}$ 为桥面系第 h 类要素中第 i 项损坏的扣分值占桥面系第 h 类要素中所有损坏扣分值的比例，$\mu_{hi} = \dfrac{DP_{hi}}{\sum_i DP_{hi}}$。

　　　w_h——桥面系第 h 项要素的权重，对于梁式桥按表 2.5 取值。

表 2.5　　　　　　　　　　桥面系各要素权重值

评估要素	权　重	评估要素	权　重
桥面铺装	0.3	排水系统	0.1
桥头平顺	0.15	人行道	0.1
伸缩装置	0.25	栏杆或护栏	0.1

注　在计算 BCI_m 时，未出现的要素其权重应按剩余要素权重的比例关系重新分配。

（2）桥梁上部结构技术状况评定。桥梁上部结构技术状况评估应逐跨进行，最后计算整座桥梁上部结构的技术状况指数 BCI_s。桥梁上部结构的结构状况采用上部结构结构状况指数 BSI_s 表示，BCI_s 和 BSI_s 按式（2.10）、式（2.11）计算：

$$BCI_s = \frac{1}{b}\sum_{i=1}^{b} BCI_{si} \quad (2.10)$$

$$BSI_s = (BCI_{si})_{\min} \quad (2.11)$$

式中　BCI_{si}——第 i 跨上部结构技术状况指数，$BCI_{si} = \sum_{j=1}^{c}(100-SDP_{ij})w_{ij}$；

　　　b——桥梁跨数；

其中，SDP_{ij} 为第 i 跨上部结构中第 j 类构件损坏的综合扣分值，$SDP_{ij} = \sum_k DP_{ijk} w_{ijk}$，当 $SDP_{ij} < (DP_{ijk})_{\max}$ 时，取值为 $(DP_{ijk})_{\max}$，当 $SDP_{ij} > 100$ 时，取值为 100；w_{ij} 为第 i 跨上部结构中第 j 类构件的权重，对于梁式桥，其主梁和主梁间横向联系构件的权重值分别为 0.6 和 0.4；c 为第 i 跨上部结构的桥梁构件类型数；DP_{ijk} 为第 i 跨上部构件中第 j 类构件第 k 项损坏的扣分值，按 CJJ 99—2017 附录 D-2 取值；w_{ijk} 为第 i 跨上部结构中第 j 类构件第 k 项损坏的权重，$w_{ijk} = 3.0\mu_{ijk}^3 - 5.5\mu_{ijk}^2 + 3.5\mu_{ijk}$；$\mu_{ijk}$ 第 i 跨上部结构中第 j 类构件第 k 项损坏的扣分值占第 j 类构件所有损坏扣分值的比例，$\mu_{ijk} = \dfrac{DP_{ijk}}{\sum_k DP_{ijk}}$。

（3）桥梁下部结构技术状况评定。桥梁下部结构技术状况评估应逐墩（台）进行，最后计算整座桥梁下部结构的技术状况指数 BCI_x，桥梁下部结构的结构状况采用下部结构的结构状况指数 BSI_x 表示，按式（2.12）、式（2.13）计算 BCI_x 和 BSI_x 的值。

$$BCI_x = \frac{1}{b+1} \sum_{j=0}^{b} BCI_{xj} \tag{2.12}$$

$$BSI_x = (BCI_{xj})_{\min} \tag{2.13}$$

式中　BCI_{xj}——第 j 号墩（台）下部结构技术状况指数，$BCI_{xj} = \sum_{k=1}^{d}(100 - SDP_{jk})w_{jk}$；

　　　b——桥梁跨数。

其中，SDP_{jk} 为第 j 号墩（台）下部结构中第 k 类构件的综合扣分值，$SDP_{jk} = \sum_l DP_{jkl} w_{jkl}$，当 $SDP_{jk} < (DP_{jkl})_{\max}$ 时，取值为 $(DP_{jkl})_{\max}$，当 $SDP_{jk} > 100$ 时，取值为 100；w_{jk} 为第 j 号墩（台）下部结构中第 k 类构件的权重，对于梁式桥，按表 2.6 取值；d 为第 j 号墩（台）下部结构的构件类型数；DP_{jkl} 为第 j 号墩（台）下部构件中第 k 类构件第 l 项损坏的扣分值，按 CJJ 99—2017 附录表 D-3 取值；w_{jkl} 为第 j 号墩（台）下部结构中第 k 类构件第 l 项损坏的权重；μ_{jkl} 为第 j 号墩（台）下部结构中第 k 类构件第 l 项损坏的扣分值占第 k 类构件所有损坏扣分值的比例。

表 2.6　　　　　　　　　　　桥梁下部结构各构件的权重

下部结构	构件类型	权　重	下部结构	构件类型	权　重
桥墩	盖梁	0.15	墩身	台帽	0.15
	墩身	0.3		台身	0.2
	基础	0.4		基础	0.4
	支座	0.15		耳墙（翼墙）	0.1
	—	—		支座	0.15

注　在计算 BCI_x 时，未出现的构件类型其权重应按剩余构件类型权重的比例关系重新分配。

（4）桥梁总体技术状况评定。整座桥梁的技术状况指数 BCI 应根据桥面系、上部结构和下部结构的技术状况指数，按式（2.14）计算：

第2章 城市装配式混凝土板梁桥评定技术及维修方法研究

$$BCI = BCI_m w_m + BCI_s w_s + BCI_x w_x \tag{2.14}$$

式中 w_m、w_s、w_x——桥面系、上部结构和下部结构的权重，梁式桥见表2.7。

表2.7 桥梁结构组成部分的权重

桥梁部位	权重	桥梁部位	权重
桥面系	0.15	下部结构	0.45
上部结构	0.40		

桥梁上部结构、下部结构、桥面系以及整座桥梁结构的完好状况，按表2.8进行评估。

表2.8 桥梁完好状况评估标准

BCI^* 范围	等级	状态	养 护 对 策
[90, 100]	A	完好	日常养护
[80, 90)	B	良好	日常保养和小修
[66, 80)	C	合格	针对性小修或中修工程
[50, 66)	D	不合格	检测评估后进行中修、大修或加固工程
[0, 50)	E	危险	检测评估后进行大修、加固或改扩建工程

注 BCI^* 表示 BCI、BCI_m、BCI_s 或 BCI_x。

桥梁上部结构、下部结构、桥面系的结构状况按表2.9进行评估。

表2.9 桥梁结构状况评估标准

BSI^* 范围	等级	状态	养 护 对 策
[90, 100]	A	完好	日常养护
[80, 90)	B	良好	日常保养和小修
[66, 80)	C	合格	针对性小修或中修工程
[50, 66)	D	不合格	检测评估后进行中修、大修或加固工程
[0, 50)	E	危险	检测评估后进行大修、加固或改扩建工程

注 BSI^* 表示 BSI、BSI_m、BSI_s 或 BSI_x。

现根据CJJ 99—2017对2.2.1节所示的某板式梁桥进行结构状况评价，确定技术状况等级，见表2.10～表2.12。

由表2.7和表2.8可知，$BCI_{x0}=80.25$，$BCI_{x1}=79$，$BCI_{x2}=79.5$，$BCI_x=79.6$，全桥的技术状况指数 BCI 为

$$BCI = BCI_m w_m + BCI_s w_s + BCI_x w_x$$

$$BCI = 52 \times 0.15 + 28.35 \times 0.4 + 79.6 \times 0.45 = 55$$

由表2.8可知，全桥完好状况评定为D级。

表 2.10　　　　　　　　　桥面系各构件技术评分等级、扣分表

评价要素	损坏类型	损坏评价		μ_{hi}	权重 w_{hi}	$DP_{hi}w_{hi}$	各评价要素扣分/得分	权重 w_h
桥面铺装	网裂或龟裂	程度	3%~10%	0.43	0.73	10.95	23.9/76.1	0.3
		扣分值 DP_{hi}	15					
	波浪及车辙	程度	<3%	0.14	0.40	2		
		扣分值 DP_{hi}	5					
	坑槽	程度	无	0.00	0.00	0		
		扣分值 DP_{hi}	0					
	破裂或破碎	程度	无	0.00	0.00	0		
		扣分值 DP_{hi}	0					
	洞穴	程度	无	0.00	0.00	0		
		扣分值 DP_{hi}	0					
	桥面贯通横缝	程度	贯通	0.43	0.73	10.95		
		扣分值 DP_{hi}	15					
	桥面贯通纵缝	程度	无	0.00	0.00	0		
		扣分值 DP_{hi}	0					
桥头平顺	桥头沉降	程度	无	0.00	0.00	0	0/100	0.15
		扣分值 DP_{hi}	0					
	台背下沉值	程度	无	0.00	0.00	0		
		扣分值 DP_{hi}	0					
伸缩缝	螺帽松动	程度	无	0.00	0.00	0	95.3/4.7	0.25
		扣分值 DP_{hi}	0					
	缝内沉积物阻塞	程度	严重	0.08	0.25	3.75		
		扣分值 DP_{hi}	15					
	止水带破损老化	程度	严重	0.2	0.50	2		
		扣分值 DP_{hi}	40					
	钢材料破损	程度	无	0	0	0		
		扣分值 DP_{hi}	0					
	接缝处铺装碎边	程度	严重	0.32	0.66	42.9		
		扣分值 DP_{hi}	65					
	接缝处高差	程度	明显	0.08	0.25	3.75		
		扣分值 DP_{hi}	15					
	钢材料翘曲变形	程度	无	0.00	0.00	0		
		扣分值 DP_{hi}	0					

续表

评价要素	损坏类型	损坏评价		μ_{hi}	权重 w_{hi}	$DP_{hi}w_{hi}$	各评价要素扣分/得分	权重 w_h
伸缩缝	结构缝宽	程度	卡死	0.32	0.66	42.9	95.3/4.7	0.25
		扣分值 DP_{hi}	65					
	伸缩缝处异响	程度	无	0.00	0.00	0		
		扣分值 DP_{hi}	0					
排水系统	泄水管阻塞	程度	>20%	0.32	0.66	52.8	100/0	0.1
		扣分值 DP_{hi}	80					
	残缺脱落	程度	>20%	0.16	0.43	17.2		
		扣分值 DP_{hi}	40					
	桥面积水	程度	多处	0.26	0.59	38.35		
		扣分值 DP_{hi}	65					
	防水层	程度	漏水	0.26	0.59	38.35		
		扣分值 DP_{hi}	65					
栏杆或护栏	露筋锈蚀	程度	>10%	0.67	0.78	31.2	40/60	0.1
		扣分值 DP_{hi}	40					
	松动错位	程度	轻微	0.17	0.44	4.4		
		扣分值 DP_{hi}	10					
	丢失残缺	程度	轻微	0.17	0.44	4.4		
		扣分值 DP_{hi}	10					
人行道	网裂	程度	10%~20%	1.00	1.00	30.00	30/70	0.1
		扣分值 DP_{hi}	30					
	塌陷	程度	无	0.00	0.00	0.00		
		扣分值 DP_{hi}	0					
	残缺	程度	无	0.00	0.00	0.00		
		扣分值 DP_{hi}	0					

$BCI_m = 52$

表 2.11　　上部结构各构件评分等级、扣分表

跨号	构件类型	损坏类型	损坏评价		μ_{ijk}	权重 w_{ijk}	$DP_{ijk}w_{ijk}$	各评价要素扣分/得分	权重 w_{ij}
1	RC 梁式结构	表面网状裂缝	程度		0.00	0.00	0.00	71.65/28.35	1.0
			扣分值 DP_{hi}						
		混凝土剥离	程度		0.13	0.36	5.4		
			扣分值 DP_{hi}						
		露筋锈蚀	程度		0.00	0.00	0.00		
			扣分值 DP_{hi}						

续表

跨号	构件类型	损坏类型	损坏评价	μ_{ijk}	权重 w_{ijk}	$DP_{ijk}w_{ijk}$	各评价要素扣分/得分	权重 w_{ij}
1	RC梁式结构	梁体下挠	程度	0.00	0.00	0.00	71.65/28.35	1.0
			扣分值 DP_{hi}					
		结构裂缝	程度	0.29	0.63	22.05		
			扣分值 DP_{hi}					
		裂缝处渗水	程度	0.33	0.67	26.8		
			扣分值 DP_{hi}					
		桥面贯通横缝	程度	0.25	0.58	17.4		
			扣分值 DP_{hi}					
		梁体位移	程度	0.00	0.00	0.00		
			扣分值 DP_{hi}					
	横向联系			—	—	—		

$BCI_{s1}=28.35$；$BCI_{s2}=28.35$；$BCI_{s}=28.35$

注 上部结构为两跨钢筋混凝土简支板梁，无横向联系，w_{ij} 取值时未出现的构件类型的权重应按剩余构件类型权重的比例关系重新分配。

表 2.12 下部结构各构件评分等级、扣分表（0 号墩台）

构件类型	损坏类型	损坏评价		μ_{jkl}	权重 w_{ikl}	$DP_{jkl}w_{jkl}$	各评价要素扣分/得分	权重 w_{jk}
台帽盖梁	表面裂缝	程度	无	0.00	0.00	0.00	40/60	0.15
		扣分值 SDP_{jk}	0					
	混凝土剥离	程度	无	0.00	0.00	0.00		
		扣分值 SDP_{jk}	0					
	露筋锈蚀	程度	无	0.00	0.00	0.00		
		扣分值 SDP_{jk}	0					
	结构裂缝	程度	无	0.00	0.00	0.00		
		扣分值 SDP_{jk}	0					
	裂缝处渗水	程度	严重	1.0	1.0	40		
		扣分值 SDP_{jk}	40					
	墩台成块剥落	程度	无	0.00	0.00	0.00		
		扣分值 SDP_{jk}	0					
墩台身	墩身水平裂缝	程度	无	0.00	0.00	0.00	50/50	0.20
		扣分值 SDP_{jk}	0					
	墩身纵向裂缝	程度	无	0.00	0.00	0.00		
		扣分值 SDP_{jk}	0					

续表

构件类型	损坏类型	损坏评价		μ_{jkl}	权重 w_{ikl}	$DP_{jkl}w_{jkl}$	各评价要素扣分/得分	权重 w_{jk}
墩台身	框架式节点裂缝	程度	无	0.00	0.00	0.00	50/50	0.20
		扣分值 SDP_{jk}	0					
	露筋锈蚀	程度	无	0.00	0.00	0.00		
		扣分值 SDP_{jk}	0					
	混凝土剥离	程度	无	0.00	0.00	0.00		
		扣分值 SDP_{jk}	0					
	桥墩倾斜	程度	无	0.00	0.00	0.00		
		扣分值 SDP_{jk}	0					
支座	桥面贯通横缝	程度	贯通	1.00	1.00	50.0	15/75	0.15
		扣分值 SDP_{jk}	50					
	支座固定螺栓损坏	程度	无	0.00	0.00	0.00		
		扣分值 SDP_{jk}	0					
	橡胶支座变形	程度	变形	1.00	1.00	15.0		
		扣分值 SDP_{jk}	15					
	钢支座损坏	程度	无	0.00	0.00	0.00		
		扣分值 SDP_{jk}	0					
	支座底板混凝土破坏	程度	无	0.00	0.00	0.00		
		扣分值 SDP_{jk}	0					
	支座稳定性异常	程度	无	0.00	0.00	0.00		
		扣分值 SDP_{jk}	0					
	钢垫板锈蚀	程度	无	0.00	0.00	0.00		
		扣分值 SDP_{jk}	0					
基础	基础冲刷	程度	无	0.00	0.00	0.00	0/100	0.4
		扣分值 SDP_{jk}	0					
	基础掏空	程度	无	0.00	0.00	0.00		
		扣分值 SDP_{jk}	0					
	混凝土桩破坏	程度	完好	0.00	0.00	0.00		
		扣分值 SDP_{jk}	0					
	基础位移	程度	无	0.00	0.00	0.00		
		扣分值 SDP_{jk}	0					
耳墙翼墙	剥离脱落	程度	无	0.00	0.00	0.00	0/100	0.1
		扣分值 SDP_{jk}	0					
	翼墙前结合处开裂	程度	完好	0.00	0.00	0.00		
		扣分值 SDP_{jk}	0					

续表

构件类型	损坏类型	损坏评价		μ_{jkl}	权重 w_{ikl}	$DP_{jkl}w_{ikl}$	各评价要素扣分/得分	权重 w_{jk}
耳墙翼墙	挡土功能缺失	程度	完好	0.00	0.00	0.00	0/100	0.1
		扣分值 SDP_{jk}	0					
	翼墙大贯通缝	程度	无	0.00	0.00	0.00		
		扣分值 SDP_{jk}	0					

$BCI_{x0}=80.25$

3. 三种评定方法对比分析

根据三个规范分别对同一座装配式城市混凝土板梁桥进行技术状况评定，结论主要如下：

（1）按照 JTG 5120—2021 和 JTG/T H21—2011 得到该桥的技术等级均为四类，按照 CJJ 99—2017 得到该桥的技术状况等级为 D 级，由此可见，这三种评定结论具有统一性。

（2）JTG 5120—2021 和 JTG/T H21—2011 在桥梁的评定方法上存在差异；具体而言，对于桥梁部件的评定，JTG 5120—2021 主要从缺损程度、缺损对使用功能的影响和缺损的发展变化等三个方面进行评定；而 JTG/T H21—2011 则将桥梁分为桥面系、上部结构和下部结构三个部分，对各部件类型制定不同的评定细则，将评定指标进行细分并提出量化标准，最后采用先分散再综合的方法对桥梁进行技术状况评定。

（3）JTG 5120—2021 和 JTG/T H21—2011 对桥梁部件的分类方式不同；例如，JTG/T H21—2011 将支座归类为上部结构，而 JTG 5120—2021 则将其归类为下部结构；两个规范中桥面系、上部结构和下部结构所占权重也不同，存在一定的差异。因此，在进行桥梁评定时，需要对两个规范的具体细节有所了解并进行权衡，以选取合适的评定方法和标准。

（4）上述综合评估方法在某些方面尚不够完善，且其评估结果可能受到人为因素的影响，但此方法能够为桥梁的养护、管理和改造加固决策提供一定的技术支持和依据，仍具有重要的指导意义。为解决评估结果的不确定性和可靠性问题，应进一步完善和改进评估方法，例如，结合实际监测数据，科学分析多种因素对在役桥梁的综合作用，以提高评估结果的准确性和可靠性，并为桥梁工程的维修加固和改造提供更有效的决策支撑。

2.1.4 基于公路桥梁承载能力检测评定规程的承载力评估方法

《公路桥梁承载能力检测评定规程》（JTG/T J21—2011）[6]以基于概率理论的极限状态设计方法为基础，对桥梁进行缺损状况检查、材质状况与状态参数检测和结构验算。引入检算系数 Z_1 或 Z_2、承载能力恶化系数 ξ_e、截面折减系数 ξ_c 和 ξ_s 等分项检算系数，修正极限状态设计表达式，对在役桥梁承载能力进行检测评定。

1. 配筋混凝土桥梁承载能力极限状态

配筋混凝土桥梁承载能力极限状态应根据桥梁检测结果按式（2.15）进行评定。

第 2 章　城市装配式混凝土板梁桥评定技术及维修方法研究

$$\gamma_0 S \leqslant R(f_d, \xi_c a_{dc}, \xi_s a_{ds}) Z_1 (1-\xi_e) \tag{2.15}$$

式中　γ_0——结构的重要性系数；
　　　S——荷载效应函数；
　　$R(\cdot)$——抗力效应函数；
　　　f_d——材料强度设计值；
　　　a_{dc}——构件混凝土几何参数值；
　　　a_{ds}——构件钢筋几何参数值；
　　　Z_1——承载能力检算系数；
　　　ξ_e——承载能力恶化系数；
　　　ξ_c——配筋混凝土结构的截面折减系数；
　　　ξ_s——钢筋的截面折减系数。

对于进行荷载试验评定的桥梁，应以荷载结果确定的检算系数 Z_2 代替 Z_1 重新进行承载能力评定。

将式（2.15）与新建桥梁承载能力计算公式对比可知，在役桥梁在结构抗力计算时引入了承载力检算系数 Z_1 或 Z_2、承载能力恶化系数 ξ_e、截面折减系数 ξ_c 和 ξ_s 等分项检算系数，以考虑在役桥梁结构损伤和病害的影响。

2. 配筋混凝土桥梁正常使用极限状态

配筋混凝土桥梁正常使用极限状态，宜按《公路桥涵养护规范》（JTG 5120—2021）及检测结果分以下三方面进行评定。

（1）限制应力。

$$\sigma_d < Z_1 \sigma_L \tag{2.16}$$

式中　σ_d——计入活载影响修正系数的截面应力计算值；
　　　σ_L——应力限值；
　　　Z_1——承载能力检算系数。

（2）荷载作用下的变形。

$$f_{d1} < Z_1 f_L \tag{2.17}$$

式中　f_{d1}——计入活载影响修正系数的荷载变形计算值；
　　　f_L——变形限值；
　　　Z_1——承载能力检算系数。

（3）各类荷载组合作用下的裂纹宽度满足。

$$\delta_d < Z_1 \delta_L \tag{2.18}$$

式中　δ_d——计入活载影响修正系数的短期荷载变形计算值；
　　　δ_L——变位限值；
　　　Z_1——承载能力检算系数。

钢筋混凝土梁结构或构件在持久状况下的裂缝宽度应小于表 2.13 中的限值。

表 2.13　　　　　　　　　　　　裂 缝 限 值 表

结构类别	裂缝部位	容许最大缝宽/mm	其他要求
钢筋混凝土梁	主筋附近竖向裂缝	0.25	
	腹板斜向裂缝	0.30	
	组合梁结合面	0.50	不容许贯通结合面
	横隔板与梁体端部	0.30	
	支座垫石	0.50	

注　表中所列容许最大缝宽适用于一般条件。对于潮湿和空气中含有较多腐蚀性气体等条件下的缝宽限值应要求更严格一些。

3. 基于检测结果的承载能力检算系数 Z_1

配筋混凝土桥梁，应综合考虑桥梁结构或构件表观缺损状况、材质强度和桥梁结构自振频率等的检测评定结果，确定承载能力检算系数 Z_1。

（1）表观缺损状况。桥梁缺损状况检查评定，主要依据《公路桥涵养护规范》（JTG 5120—2021）和《公路桥梁技术状况评定标准》（JTG/T H21—2011）进行技术状况等级评定。根据评定的结果，当桥面系、上部结构和下部结构技术状况等级为 1、2、3、4 和 5 时，对应的缺损状况评定标度值为 1、2、3、4 和 5。

（2）材质强度。混凝土强度直接影响结构的承载力，混凝土的强度评定是承载力评估的重要内容之一。对于桥梁混凝土强度评定，应在主要构件或主要受力部位布置测区，采用回弹法、超声回弹综合法、取芯法等进行检测。

依据混凝土桥梁结构或构件实测强度推定值或测区平均换算强度值，按式（2.19）和式（2.20）计算其推定强度匀质系数 k_{bt} 或平均强度匀质系数 k_{bm}，按表 2.14 的规定确定混凝土强度评定标度。

表 2.14　　　　　　　　　　桥梁混凝土强度评定标度

K_{bt}	K_{bm}	强度状况	评定标度
≥0.95	≥1.0	良好	1
[0.90, 0.95)	[0.95, 1.00)	较好	2
[0.80, 0.90)	[0.90, 0.95)	较差	3
[0.70, 0.80)	[0.85, 0.90)	差	4
<0.70	<0.85	危险	5

1）推定强度匀质系数。

$$K_{bt}=\frac{R_{it}}{R} \tag{2.19}$$

式中　R_{it}——混凝土实测强度推定值；
　　　R——混凝土设计强度等级。

2）平均强度匀质系数。

$$K_{bm}=\frac{R_{im}}{R} \tag{2.20}$$

式中　R_{im}——混凝土测区平均换算强度值；

R——混凝土设计强度等级。

（3）桥梁结构自振频率检测评定。桥梁自振频率变化不仅能够反映结构损伤情况，而且还能反映结构整体性能和受力体系的改变。通过测试桥梁自振频率的变化，可以分析桥梁结构性能，评价桥梁工作状况。根据实测自振频率 f_{mi} 与理论计算频率 f_{di} 的比值，按表 2.15 的规定确定自振频率评定标度。

表 2.15　　　　　　　桥梁自振频率评定标度

f_{mi}/f_{di}		评定标度
上部结构	下部结构	
≥1.10	≥1.20	1
[1.00, 1.10)	[1.00, 1.20)	2
[0.90, 1.00)	[0.95, 1.00)	3
[0.75, 0.90)	[0.80, 0.95)	4
<0.75	<0.80	5

将上述求出的构件缺损状况、材质强度和自振频率的检测评定结果，采用加权评估的方法进行处理，按式（2.21）计算确定结构或构件承载能力检算系数评定标度 D

$$D = \sum \alpha_j D_j \tag{2.21}$$

式中　α_j——某项检测指标的权重值，$\sum_{j=1}^{3} \alpha_j = 1$，缺损状况 $\alpha_j = 0.4$，材质强度 $\alpha_j = 0.3$，自振频率 $\alpha_j = 0.3$；

D_j——结构或构件某项检测指标的评定标度，按表 2.14 和表 2.15 取值。

按求得的评定标度特征值 D，将构件技术状况划分为良好、较好、较差、差和危险 5 种状态，对应的评定标度分布为 1、2、3、4、5 级。

4. 基于检测结果的承载力恶化系数 ξ_e

承载力恶化受多种因素影响，主要有混凝土表观缺陷（包括蜂窝、麻面、剥落和裂缝），混凝土强度、钢筋锈蚀电位、混凝土电阻率、混凝土中氯离子含量、混凝土碳化深度和钢筋保护层厚度等 7 个方面，可以按式（2.22）确定构件的恶化状况评定值。

$$E = \sum_{j=1}^{7} E_j \alpha_j \tag{2.22}$$

式中　E_j——结构或构件某项检测评定指标的耐久性评定标准度值，按 JTG/T J21—2011 第 4、5 章的有关规定确定；

α_j——某项检测指标的权重值，$\sum_{j=1}^{7} \alpha_j = 1$，详见表 2.16。

最后，根据计算求得的构件恶化状况评定值将耐久性状况及其评价指标分为 5 个等级，并考虑桥梁所处环境的影响，由 JTG/T J21—2011 中表 7.7.4-2 确定承载力恶化系数。

表 2.16　混凝土构件材质状况检测指标与耐久性指标推荐权重值

序　号	检测指标名称	权重 α_j
1	缺损状况	0.32
2	构件锈蚀电位	0.11
3	混凝土电阻率	0.05
4	混凝土碳化情况	0.20
5	构件保护层厚度	0.12
6	氯离子含量	0.15
7	混凝土强度	0.05

5. 截面折减系数

对配筋混凝土构件而言，因外力作用而导致的构件外观缺损（如混凝土剥落、缺角等）或开裂和钢筋的锈蚀等，将使截面面积减小。在承载力评定中引入混凝土截面折减系数 ξ_c 和钢筋截面折减系数 ξ_s，来考虑截面损伤对承载力的影响。

（1）混凝土结构的截面折减系数 ξ_c 的确定。混凝土结构的截面折减系数 ξ_c 依据混凝土截面损伤状况确定。配筋混凝土结构截面损伤状况的评价，包括材料风化、物理与化学损伤和碳化等 3 项评定指标。其中混凝土结构材料风化划分为微风化、弱风化、中度风化、较强风化和严重风化等 5 个等级；物理与化学损伤的评定标度值和碳化的评定标度值，根据桥梁检测结果，由 JTG/T J21—2011 中表 7.7.5-2 和表 5.7.3 确定。

截面损伤的综合评定采用加权评估的方法。根据各检测指标的评定标度，按式（2.23）计算确定结构或构件截面损伤的综合评定值 R

$$R = \sum_{j=1}^{3} R_j \alpha_j \quad (2.23)$$

式中　R_j——结构或构件某项检测指标的标准度值；

　　　α_j——某项检测指标的权重值，$\sum_{j=1}^{3} \alpha_j = 1$，对混凝土及配筋混凝土结构，材料风化 $\alpha_j = 0.1$，物理与化学损伤 $\alpha_j = 0.55$，碳化 $\alpha_j = 0.35$；

对混凝土及配筋混凝土结构，$N = 3$。

最后，根据截面损伤综合评定标度值的大小，按表 2.17 确定混凝土截面折减系数。

表 2.17　配筋混凝土结构的截面折减系数 ξ_c 值

截面损伤综合评定值 R	截面折减系数 ξ_c	截面损伤综合评定值 R	截面折减系数 ξ_c
1≤R<2	0.98～1.00	3≤R<4	0.85～0.93
2≤R<3	0.93～0.98	4≤R<5	0.85 以下

（2）钢筋截面折减系数 ξ_s 的确定。钢筋的截面折减系数主要是考虑由于钢筋锈蚀造成的截面损伤。钢筋的截面损伤状态分为 5 个等级，分别为良好状态、较好状态、较差状态、差的状态和危险状态，对应各状态的钢筋截面折减系数见表 2.18。

表 2.18　　　　　　　　　钢筋截面折减系数 ξ_s 值

评定标度	性 状 描 述	截面折减系数 ξ_s
1（良好）	沿构件出现裂缝，宽度小于限值	0.98～1.00
2（较好）	沿构件出现裂缝，宽度小于限值，或钢筋锈蚀引起混凝土发生层离	0.95～0.98
3（较差）	钢筋锈蚀引起混凝土剥落，钢筋外露，表面有膨胀薄锈层或抗蚀	0.90～0.95
4（差）	钢筋锈蚀引起混凝土剥落，钢筋外露，表面膨胀性锈层显著，钢筋断面损失在10%以内	0.80～0.90
5（危险）	钢筋锈蚀引起混凝土剥落，钢筋外露，出现锈蚀剥落，钢筋断面损失在10%以上	0.80 以下

6. 基于荷载试验的承载力检算系数 Z_2

（1）荷载试验的目的。荷载试验是公路桥梁承载力评定的最直接方法。实施荷载试验的主要目的是：当通过检算分析仍无法明确评定桥梁承载能力时，通过对桥梁施加静力荷载作用，测定桥梁结构在试验荷载作用下的结构响应，并据此确定检算系数 Z_2 重新进行承载能力检算评定或直接判定桥梁承载能力是否满足要求。

静力试验荷载可按控制内力、应力或变位等效原则确定，静力荷载试验效率按式（2.24）计算，宜介于 0.95～1.05 之间。

$$\eta_q = \frac{S_s}{S'(1+\mu)} \tag{2.24}$$

式中　S_s——静力试验荷载作用下，某一加载试验项目对应的加载控制截面内力、应力或变位的最大计算效应值；

S'——检算荷载产生的同一加载控制截面内力、应力或变位的最不利效应计算值；

μ——按规范取用的冲击系数值；

η_q——静力荷载试验效率。

（2）基于荷载试验的承载力检算系数 Z_2 的确定。经过荷载试验的桥梁，当不符合下列规定时应取主要测点应变校验系数或变位系数较大值按表 2.19 确定检算系数 Z_2，代替 Z_1 进行承载力评定。

表 2.19　　　　　　　经过荷载试验的承载能力检算系数 Z_2 值

ξ	Z_2	ξ	Z_2
≤0.4	1.30	0.8	1.05
0.5	1.20	0.9	1.00
0.6	1.15	1.0	0.95
0.7	1.10		

注　对主要挠度测点和主要应力测点的校验系数，取两者中较大值；Z_2 值可按 ξ 值线性内插。

1）主要测点静力荷载试验校验系数大于1。

2）主要测点相对残余变位或相对残余应变超过20%。

3）试验荷载作用下裂缝扩展宽度超过表 2.13 的限值，且卸载后裂缝闭合宽度小于扩展宽度的 2/3。

4）在试验荷载作用下，桥梁基础发生不稳定沉降变位。

7. 承载力评定示例

某钢筋混凝土梁桥采用C30混凝土缺损状况评定等级为2级，主梁混凝土强度推定值为54.5MPa，自振频率实测值为7.71Hz，自振频率理论值为8.16Hz。钢筋锈蚀电位主要分布在（-400，-300]mV，氯离子含量（占水泥含量的百分比）范围为[0.15，0.40），混凝土电阻率为[10000，15000)Ω·cm，混凝土碳化深度平均值与实测保护层厚度平均值的比值$K_c<0.5$，钢筋保护层厚度特征值D_{ne}与设计值D_{nd}的比值$D_{ne}/D_{nd}>0.95$，所处环境干湿交替，不冻，无侵蚀性介质，构件材料发生弱风化，构件表面剥落面积在5%以内，钢筋锈蚀引起混凝土剥落，钢筋外露，表面有膨胀薄锈层。

（1）对该桥进行承载力评定，确定承载力检算系数Z_1，截面恶化系数ξ_e，混凝土和钢筋折减系数ξ_c和ξ_s。

（2）对该桥进行荷载试验，其应变校验系数为0.5，且卸载后裂缝闭合宽度小于扩展宽度的2/3，主要测点的相对残余变位超过20%。以下计算承载力检算系数Z_2。

1）因为混凝土缺损状况评定等级为2级，所以缺损状况评定标度为2；混凝土设计强度等级为30MPa，实测强度推定值为54.5MPa，故平均强度匀质系数$K_{bm}=54.5/30=1.82\geqslant 1$，所以强度状况评定标度为1；因为桥梁上部结构自振频率实测值为7.71Hz，自振频率理论值为8.16Hz，故$f_{mi}/f_{di}=8.16/7.71=1.05$，评定标度为2，$Z_1$计算见表2.20。

表2.20　　　　　　　　　　承载能力系数Z_1值

检测指标名称	评定标度D_j	权重	评定标度D
缺损状况	2	0.4	1.7
材质强度	1	0.3	
自振频率	2	0.3	
Z_1		1.12	

由表2.20可得Z_1取1.12。

2）截面恶化系数评定见表2.21。

表2.21　　　　　　　　　　截面恶化系数ξ_e值

检测指标名称	评定标度E_j	权重	评定标度E
缺损状况	2	0.32	1.79
钢筋锈蚀电位	3	0.11	
混凝土电阻率	3	0.05	
混凝土碳化状况	1	0.20	
钢筋保护层厚度	1	0.12	
氯离子含量	2	0.15	
混凝土强度	1	0.05	
ξ_e		0.035	

3）混凝土截面折减系数和钢筋截面折减系数。

混凝土截面折减系数见表2.22。

表 2.22　　　　　　　　　　　混凝土截面折减系数 ξ_c

检测指标名称	评定标度 R_i	权重	评定标度 R
材料风化	2	0.10	
混凝土碳化	1	0.35	1.65
物理与化学损伤	2	0.55	
ξ_c		0.99	

钢筋截面折减系数 ξ_s 取 0.96，所以承载力检算系数 $Z_1=1.12$，截面恶化系数 $\xi_e=0.035$，混凝土截面折减系数 $\xi_c=0.99$。

（3）对该桥进行荷载试验后，因为且卸载后裂缝闭合宽度小于扩展宽度的 2/3，且主要测点的相对残余变位超过 20%，不符合《公路桥梁承载能力检测评定规程》（JTG/T J21—2011）第 8.3.1 条规定，故用 Z_2 代替 Z_1，系数 Z_2 取 1.20。

2.2　城市装配式混凝土板梁桥常见维修方法

桥梁经过多年的运行会出现不同程度的病害，主要包括伸缩缝破损，桥梁主体出现裂缝、露筋，桥面铺装出现网裂、坑槽，桥梁栏杆老化、开裂、破损、短缺，人行道砖碎裂、缺失，以及缺少桥铭牌和限载牌等，这些病害严重影响行人的出行和行车舒适性，危害桥梁的正常运行。桥梁维修是确保桥梁正常运行和延长其使用寿命的重要措施，在桥梁运维中占有重要地位，本节依据维修实例，针对部分桥梁病害类型给出具体的维修过程。

2.2.1　裂缝修补

1. 桥梁混凝土构件裂缝类型和成因

桥梁混凝土构件的裂缝是由材料内部的初始缺陷、微裂缝的扩展而引起的，桥梁结构产生裂缝的原因很多，大致可归纳为以下两大类[7]。

（1）由外荷载引起的裂缝，称为结构性裂缝，又称为荷载裂缝，其裂缝的分布特征及宽度与外荷载大小有关。

（2）由变形引起的裂缝，称为非结构性裂缝，又称非荷载裂缝。如温度变化、混凝土收缩等因素引起的结构变形受到限制时，会在结构内部产生自应力，当自应力达到混凝土抗拉强度极限值时，混凝土结构就会产生裂缝（图 2.6～图 2.9），裂缝一旦出现，其变形得到了释放，自应力也随之消失。

2. 裂缝修补方法

桥梁混凝土构件裂缝的处理，应首先分析裂缝的成因，再采用合适的方法进行修补，裂缝修补的主要方法如下[8]。

（1）表面封闭法：适用于宽度小于 0.15mm 的裂缝处理。

（2）自动低压渗注法：适用于数量较多、宽度在 0.1～1.5mm 间的裂缝处理。

（3）压力灌注法：适用于校审、宽度大于 0.15mm 的裂缝处理。

图2.6 桥面铺装横向裂缝示意一

图2.7 桥面铺装横向裂缝示意二

图2.8 桥墩裂缝

图2.9 钢筋锈蚀导致的露筋破损

3. 表面封闭法修补工艺及要求

(1) 工艺流程。对裂缝宽度小于0.15mm的裂缝，采用环氧树脂胶泥（或者采用专用裂缝修补胶）表面封闭处理，工艺流程如图2.10所示。

混凝土表面处理 → 清洁表面 → 环氧树脂胶封闭裂缝 → 在胶泥上涂刷一层环氧树脂胶液 → 养护 → 检查质量

图2.10 裂缝表面封闭流程图

(2) 工艺要点。

1) 用钢丝刷将裂缝周围的油污清除干净。

2) 用吸尘器或酒精将裂缝处的灰尘洗净、清除。

3) 使用丙酮等有机溶剂对准备封闭裂缝处进行清洁处理，并使混凝土表面充分干燥。

4) 配制环氧树脂胶泥。按照环氧树脂、乙二胺、邻苯二甲二丁酯和水泥按一定的重量百分比（参考配方为100∶10∶25∶400）混合制成。

5) 将环氧树脂胶泥按规定比例称量准确后放置在调和板上，调和均匀。一次调和量以可使用时间内用完为准。

6）将拌和好的环氧树脂胶泥均匀的涂刮在构件表面裂缝处，使其将裂缝完全封闭。

7）环氧树脂胶泥封闭裂缝完毕，待其固化后，在胶泥表面涂刷一层环氧树脂胶液，以起到防护作用。

8）封缝环氧树脂胶泥固化后，要进行表面清理，使表面平顺。

（3）检验与验收。

1）封缝胶涂得太薄或太窄，均容易造成灌缝树脂的泄漏，因此，封缝胶的涂抹宽度应以 2～3cm、厚度 2mm 为宜。

2）为确保固化，封缝胶至少应养护 12h 以上。

4．压力灌注法修补工艺及要求

（1）工艺流程。裂缝宽度大于 0.15mm 的裂缝采用压力灌浆灌注环氧树脂胶或其他灌浆材料来修补裂缝。压力灌浆灌注环氧树脂胶或其他灌浆材料的工艺流程如图 2.11 所示。

基面处理 → 粘贴注浆嘴和出浆嘴 → 裂缝表面封闭 → 密封检查 → 注入灌缝材料 → 养护 → 结构表面处理

图 2.11 压力灌注法修补流程图

（2）检验和验收。

1）所有进场树脂材料，符合质量标准，并具有产品出厂合格证，其各种性能指标及技术参数应符合本工程维修设计要求，适合现场温度、湿度条件。

2）树脂材料应阴凉密闭储存，不得直接日晒或雨淋。

3）各工序的施工质量，由工长负责指导、监督。每一道工序完成后督促操作小组自检，确认合格后报请技术员检查，得到认可后才能进行下道工序，否则必须返修，直至合格为止。灌缝及封缝前后，由技术人员请业主代表或监理人员检查，做封缝及封缝数量与质量的签认。

4）注胶底座的粘贴间距以 300～350mm 为宜。

5）封缝胶涂得太薄或太窄，均容易造成灌缝树脂的泄漏，因此，封缝胶的涂抹宽度应以 2～3cm、厚度 2mm 为宜。

6）为确保固化，封缝胶至少应养护 12 小时以上。

7）当弹性橡胶膜内树脂不足时，应进行补充灌注，补充注入的灌胶控制时间一般为 15～20 分钟，低温施工时，该时间可适当缩短。超过此时间如橡胶球内树脂无继续渗入的趋势，则视为裂缝已灌注饱满。

8）在灌缝过程中应严格控制质量，灌缝结束后应检验灌缝效果。凡有灌缝不密实或漏胶等不合格情况出现，应进行补灌等补强措施，确保施工质量。可采取钻芯取样的方法检验灌缝是否饱满、密实。

裂缝修补完成后的效果如图 2.12 所示。

2.2.2 伸缩缝病害分析与养护维修

为满足桥面变形的要求，通常在两梁端之间、梁端与桥台之间或桥梁的铰接位置上设

图 2.12 裂缝修补效果图

置伸缩缝。设置的伸缩缝需要设置在平行、垂直于桥梁轴线的两个方向，能自由伸缩，牢固可靠，车辆行驶过时应平顺、无突跳与噪声；要能防止雨水和垃圾泥土渗入阻塞，安装、检查、养护、消除污物等都要简易方便。但由于伸缩缝长期暴露在空气中，使用环境比较恶劣，伸缩缝经常存在橡胶条老化、泥沙阻塞、漏水等病害。而桥梁伸缩缝的破坏，又可能引起较大的车辆冲击荷载，恶化行车状况，导致跳车、噪声、漏水等，影响行车安全，降低桥梁使用寿命，所以对伸缩缝的维修与养护异常重要。

1. 伸缩缝病害类型

（1）伸缩缝过窄病害：伸缩缝施工安装时宽度不合适。导致预留压缩量不足，伸缩缝挤死，内应力增大，挤坏伸缩缝体混凝土，使路面出现坑槽等路面破损，如图 2.13 所示。

（2）伸缩缝高差病害：由于桥台沉陷、安装误差、支座垫石碎裂等原因导致桥梁一侧比路面一侧偏低，形成桥头跳车。桥头跳车和伸缩缝损毁这两类病害是相互关联的，桥头跳车引起的较大冲击荷载直接作用在伸缩缝附近，造成伸缩缝破损，如图 2.14 所示。

图 2.13 伸缩缝过窄　　　　图 2.14 桥头跳车引起的伸缩缝破损

（3）伸缩缝堵塞：由于沙石等杂物的聚集，伸缩缝容易丧失自由涨缩的能力，在夏天气温升高时主梁不能自由伸长，就容易在相邻的主梁或主梁与桥台之间产生推力，严重的甚至发生主梁的顶起或桥台背墙的开裂，如图 2.15 所示。

（4）伸缩缝橡胶条损坏：随着使用时间的延长，伸缩缝内的橡胶条极易老化（图 2.16），造成橡胶条开裂损害翘曲。

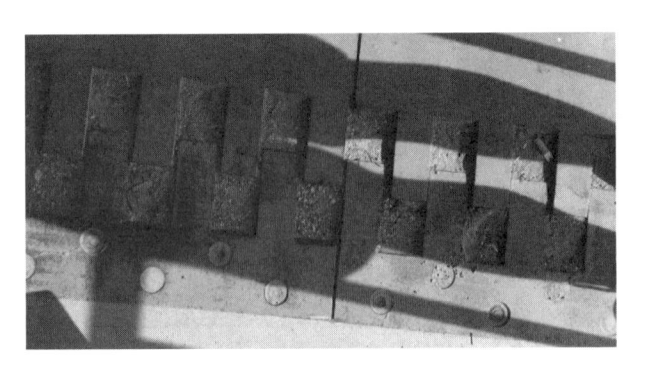

图 2.15　伸缩缝泥沙堵塞　　　　　　　图 2.16　伸缩缝内橡胶条老化破损

（5）锚固区破损：施工时锚固区后浇带混凝土强度不够，或者与桥面有高差，导致跳车，加上超载车辆频繁作用导致破损。容易造成伸缩缝钢构部分损坏，如图 2.17 所示。

（6）伸缩缝渗水：这是橡胶条损坏或者锚固区破损引发的伴生病害，如图 2.18 所示。

图 2.17　锚固区破损导致的伸缩缝破坏　　　　图 2.18　伸缩缝渗水

2. 伸缩缝养护

（1）清理伸缩缝。伸缩缝清理是日常养护中最为重要的，往往也是最容易忽略的。伸缩缝清理一般一个月一次，路面容易污染路段需加大频率。清理时不得采用尖锐工具，防止破坏橡胶条。可以采用高压水枪、高强风机等设备。

（2）更换橡胶条。橡胶条一旦破损，必须修补或者更换。局部较小的裂缝、破损可以采用环氧树脂粘结。破损较大、老化严重的需要更换，更换时采用类似换轮胎的撬棒将旧橡胶条抽出，换上新的橡胶条，如图 2.19 所示。

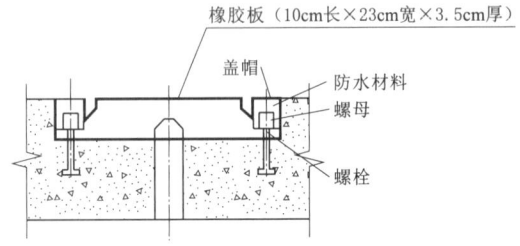

图 2.19　伸缩缝橡胶板安装示意图

3. 伸缩缝更换

当伸缩缝功能不满足使用要求，严重破损、失效，维修困难时，应进行更换。更换伸缩缝应满足结构变形要求，严格控制开口量，应安装平整，锚固可靠。以对插式梳齿板式伸缩缝为例，简要介绍更换安装流程。

2.2 城市装配式混凝土板梁桥常见维修方法

(1) 伸缩缝安装顺序。

1) 拆除原伸缩缝,按图纸要求以现有梁端间隙为中心切出槽口,安装新伸缩缝锚固螺栓待螺栓与梁体连接牢固并可靠传力后焊接其他连接构件。

2) 根据现场安装时气温调整"δ"值,将伸缩缝吊入槽内安装就位,其上平面与桥面纵坡相吻合。

3) 将梁端间隙及伸缩缝型钢下开口填实,槽口两边缘处用模板封堵。

4) 槽口内采用C50微膨胀钢纤维混凝土浇筑,应细致振捣密实至无空洞,混凝土表面应光滑平整,同桥梁纵横坡及伸缩缝顶面平顺。

5) 混凝土浇筑后用麻袋覆盖,浇水养生。

(2) 工艺要点。

1) 更换伸缩缝时,应根据施工环境温度确定新伸缩缝开口量。

2) 更换前应认真做好伸缩缝的清理工作。

3) 伸缩缝两侧槽口尺寸应满足新伸缩装置的安装连接要求。桥面板上锚固预埋件有缺损时,应补植连接锚筋,采用焊接时,应保证连接筋与锚筋的有效搭接长度,严禁点焊连接。

4) 在浇筑槽口混凝土前,应封闭开口,避免混凝土流入伸缩缝构件内。

(3) 检验和验收。

1) 伸缩缝必须满足设计和有关技术规范要求,须有合格证,并经验收合格方可安装。

2) 伸缩缝必须锚固牢靠,伸缩性能必须有效。

3) 伸缩缝两侧混凝土的类型和强度,必须满足设计要求。

4) 伸缩缝处不得积水。

5) 伸缩缝无阻塞、渗漏、变形、开裂等现象。

6) 更换伸缩缝的位置偏差应满足《公路桥梁加固施工技术规范》(JTG/T J23—2008) 表12.3.2要求。

2.2.3 桥面铺装更换

当桥面铺装破损严重时需对其进行更换,其施工过程如下。

(1) 桥面铺装拆除。拆除施工工艺流程:桥面铺装沥青混凝土层拆除→垃圾外运→工作面冲洗干净→检查→桥面板缺陷修补。

注意事项:桥面混凝土铺装层的凿除工作可采用风镐拆除,所拆除下来的混凝土块应及时运出施工现场,保持施工现场整洁。对于在施工过程中造成的质量缺陷应经得监理工程师或业主代表同意后,采用同标混凝土(或高标号修补砂浆)进行修补,修补时应视缺陷大小布置钢丝网,并加强养护。

(2) 桥面铺装更换。换新施工工艺流程:测量放线→扎桥面钢筋网→设置高程控制带→浇筑混凝土→养护,桥面沥青层如图2.20所示。

2.2.4 更换栏杆及防撞护栏

桥梁栏杆和防撞护栏不仅具有防护功能,而且还是提升桥梁景观性的主要结构。但由于服役时间过久,栏杆会出现混凝土脱落,钢构严重锈蚀等病害(图2.21),已危及桥梁的安全及景观性,故需对栏杆采用除锈、喷漆、更换等措施。

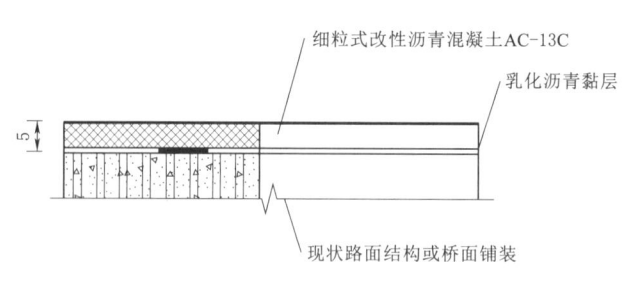

图 2.20 桥面沥青层（单位：cm）

图 2.21 栏杆损坏

2.2.5　更换人行道盲道及台阶

人行道盲道出现破损会严重影响盲人的出行安全，需进行更换。桥梁人行道盲道距栏杆踢脚不小于 30cm，采用 304 不锈钢材质，颜色为银色，表面处理为砂光，应具有灵敏的触觉感、耐腐蚀、耐损耗和长寿命等特征，安装前应在地面打磨钻孔并清洁干净之后用环氧胶填充进行粘贴，不锈钢盲道砖如图 2.22 所示，人行道台阶如图 2.23 所示。

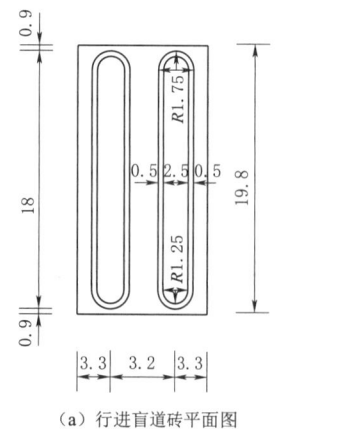

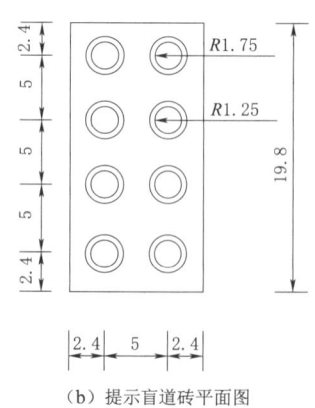

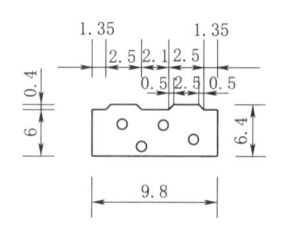

（a）行进盲道砖平面图　　（b）提示盲道砖平面图　　（c）行进/提示盲道砖剖面图

图 2.22　不锈钢盲道砖（单位：cm）

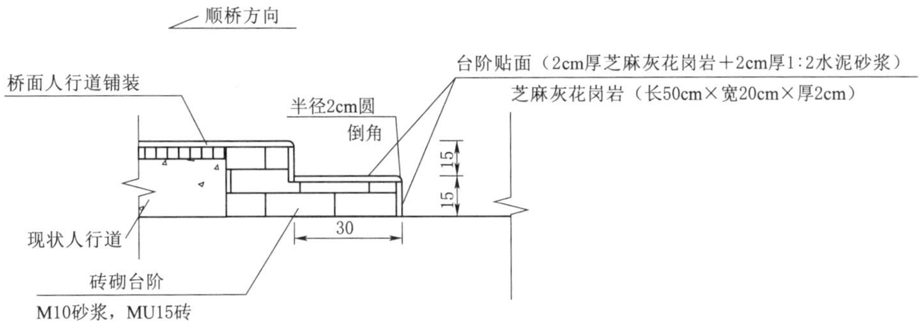

图 2.23　人行道台阶

2.3　本章小结

本章首先介绍《公路桥涵养护规范》(JTG 5120—2021)、《公路桥梁技术状况评定标准》(JTG/T H21—2011)和《城市桥梁养护技术标准》(CJJ 99—2017)中关于桥梁技术状况的相关评定方法,然后以某在役钢筋混凝土板梁桥为背景,采用上述三种评定方法进行评估,并对评定结果进行分析,最后结合桥梁维修实例,针对桥梁中普遍存在的病害,如裂缝、伸缩缝损坏、桥面铺装破坏等探讨了具体的维修方法,主要结论如下:

通过对比可知,《公路桥涵养护规范》(JTG 5120—2021)和《公路桥梁技术状况评定标准》(JTG/T H21—2011)的评定结果一致,评估等级均为四级,对应《城市桥梁养护技术标准》(CJJ 99—2017)的评定结果为 D 级,三种评定方法具有一定的统一性。但这三种评定方法对具体部件的分类却略有不同,《公路桥梁技术状况评定标准》(JTG/T H21—2011)将支座归类为上部结构,而《城市桥梁养护技术标准》(CJJ 99—2017)将其归类为下部结构,另外这两个规范对于桥面系、上部结构和下部结构所占的重要性权重也不尽相同。因此,工程人员在进行桥梁评定时需要根据实际情况选择合适的规范进行评定,确保评定结果与实际情况相符。

参考文献

[1] 贺拴海,赵祥模,马建,等. 公路桥梁检测及评价技术综述 [J]. 中国公路学报,2017,30 (11):63-80.
[2] 张树仁. 桥梁病害诊断与加固设计 [M]. 北京:人民交通出版社,2013.
[3] 中华人民共和国交通运输部. JTG 5120—2021 公路桥涵养护规范 [S]. 北京:人民交通出版社,2021.
[4] 中华人民共和国交通运输部. JTG/T H21—2011 公路桥梁技术状况评定标准 [S]. 北京:人民交通出版社,2011.
[5] 中华人民共和国住房和城乡建设部. CJJ 99—2017 城市桥梁养护技术标准 [S]. 北京:中国建筑

工业出版社，2017.
[6] 中华人民共和国交通运输部. JTG/T J21—2011 公路桥梁承载能力检测评定规程［S］. 北京：人民交通出版社，2011.
[7] 中华人民共和国交通运输部. JTG/T J22—2008 公路桥梁加固设计规范［S］. 北京：人民交通出版社，2008.
[8] 中华人民共和国交通运输部. JTG/T J23—2008 公路桥梁加固施工技术规范［S］. 北京：人民交通出版社，2008.

第3章 城市装配式混凝土板梁桥纵向加固实例

3.1 引言

桥梁加固设计方案需要充分考虑加固目标、加固形式、材料选择、施工过程以及加固效果等方面，确保加固后的桥梁结构满足使用要求，并具备足够的承载能力和稳定性，是桥梁加固方案设计的核心[1]。本章以某城市装配式混凝土板梁桥为工程背景，对其进行加固方案比选，首先根据实际的病害情况和检测结果提出维修加固意见，然后分别对粘贴钢板加固、粘贴碳纤维加固、增大横截面积加固和体外预应力加固等方法开展数值仿真分析，对比各方案的加固效果。最后，详细介绍了该桥梁加固施工的注意事项，包括加固方法的选择、施工前的准备工作、加固材料的选择和组合、施工过程中的安全措施等重要内容，帮助相关结构设计施工人员更好地理解和应用桥梁加固技术，确保桥梁长期安全运行。

3.2 工程概况

3.2.1 工程简介

某城市装配式混凝土板梁桥中心桩号为 K68+619.5，于2003年建成通车，桥梁上部结构为 2×13m 装配式钢筋混凝土空心板梁，计算跨径 $l_0 = 12.6m$，单幅桥横向由 28 片预制空心板组成，如图 3.1 所示，采用 30 号混凝土，钢筋采用Ⅰ、Ⅱ级钢筋。桥面宽度为 3m（人行道）+9m（非机动车到）+15m（机动车道）+8m（隔离带）+15m（机动车道）+9m（非机动车到）+3m（人行道），桥面铺装为 6cm 防水混凝土层+3cm 沥青混凝土层。

图 3.1 桥梁全貌

桥梁下部结构为桩柱桥台、柱式墩，钻孔灌注桩基础，墩台采用 30 号混凝土，桩基础采用 25 号水下混凝土，钢筋采用Ⅰ、Ⅱ级钢筋。设计荷载标准为汽-20 级，挂-100

级，设计洪水频率为50年一遇，运营年限为15年[2]。

3.2.2 病害情况

该桥是城市交通要道，过往车辆较多，经过多年运营，桥体已呈现一定程度的病害，在跨中处主梁出现横向贯通裂缝（缝宽0.01mm～0.25m）并渗水泛白，支座多有轻微变形。桥面铺装出现多条横向裂缝、局部网状裂缝，伸缩缝存在缝内沉积物阻塞、接缝处铺装破损等现象，护栏破损露筋锈蚀，北侧人行道铺装层有纵向裂缝，具体病害见第2.2.1节。

3.2.3 检测结果与维修意见

采用《城市桥梁养护技术标准》（CJJ 99—2017）和《城市桥梁检测技术规程》（DBJ41/T 127—2013）中的桥梁技术评定方法对桥梁外观进行评定，得出桥梁状况指数 BCI 为55（详见第2.2.3节），桥梁属于D级，处于不合格状态[3-4]。建议对该桥进行中修，中修内容如下：

(1) 对主梁跨中裂缝进行封闭处理，防止钢筋锈蚀，且对主梁进行加固，提高承载能力。

(2) 修复桥面裂缝，防止桥面渗水，影响桥梁耐久性。

(3) 桥梁伸缩缝破坏严重，应重新设置伸缩缝，防止桥面隆起、主梁纵向受力和桥头跳车。

(4) 修复破损的栏杆，防止栏杆断裂。

(5) 修复人行道纵向裂缝，防止桥面渗水，影响人行道主梁耐久性。

(6) 更换老化变形的支座。

上述中修内容中，仅第（1）条需要进行加固设计，将作为本章的重点，其余均属于桥梁养护常规工作，仅给出一般做法。

3.3 原桥承载力检算评定

3.3.1 原桥设计参数

空心板采用30号混凝土，根据《公路钢筋混凝土及预应力混凝土桥涵设计规范》（JTG D62—2004）附录A，等效为该规范的C28混凝土，轴心抗压强度设计值 $f_{cd}=12.88\text{MPa}$，混凝土弹性模量 $E_c=2.92\times10^4\text{MPa}$，混凝土极限压应变 $\varepsilon_{cu}=0.0033$，相对界限受压区高度 $\xi_b=0.56$[5]，纵向受拉主筋为 12Φ25（$A_s=5890.8\text{mm}^2$），抗拉强度设计值 $f_{sd}=280\text{MPa}$，钢筋弹性模量 $E_s=2.0\times10^5\text{MPa}$，空心板截面尺寸及配筋如图3.2和图3.3所示。

3.3.2 原结构复算

采用MIDAS CIVIL梁格法建立全桥空间有限元模型，如图3.4和图3.5所示，同时建立了考虑活载横向分布效应的空心板单梁模型作为校核，如图3.6～图3.8所示。其中有限元设计参数为：混凝土轴心抗压设计强度 $R_a=17.5\mathrm{MPa}$，混凝土弹性模量 $E_h=3.0\times10^4\mathrm{MPa}$，纵向钢筋为 $12\Phi25$，距底缘 $a_s=44\mathrm{mm}$，$A_s=5890.8\mathrm{mm}^2$，钢筋抗拉设计强度 $R_g=340\mathrm{MPa}$，不计受压钢筋作用。跨中活载横向分布系数按照铰接板法计算，靠近边梁的中梁在所有中梁里横向分布系数最大，其值见表3.1。

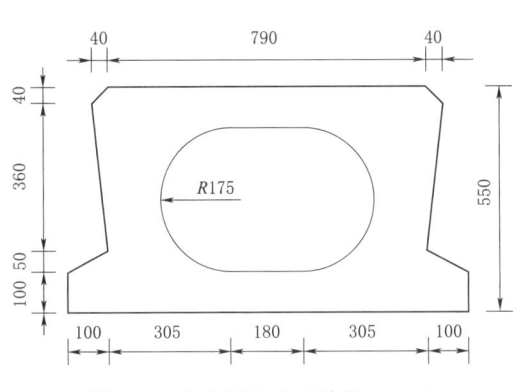

图3.2 空心板尺寸（单位：mm）

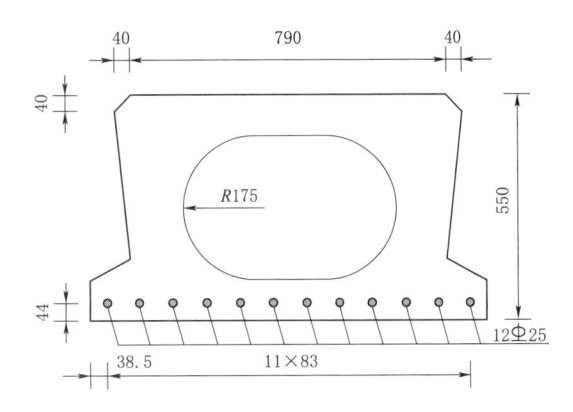

图3.3 跨中截配筋（单位：mm）

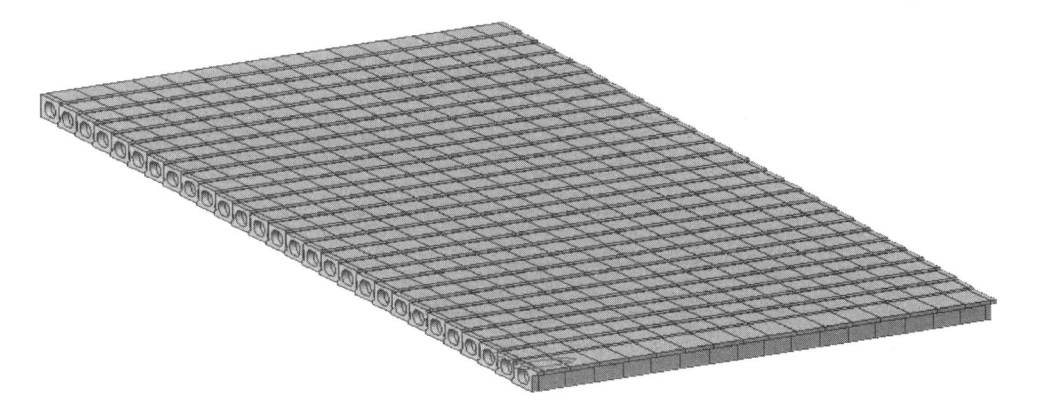

图3.4 全桥空间模型

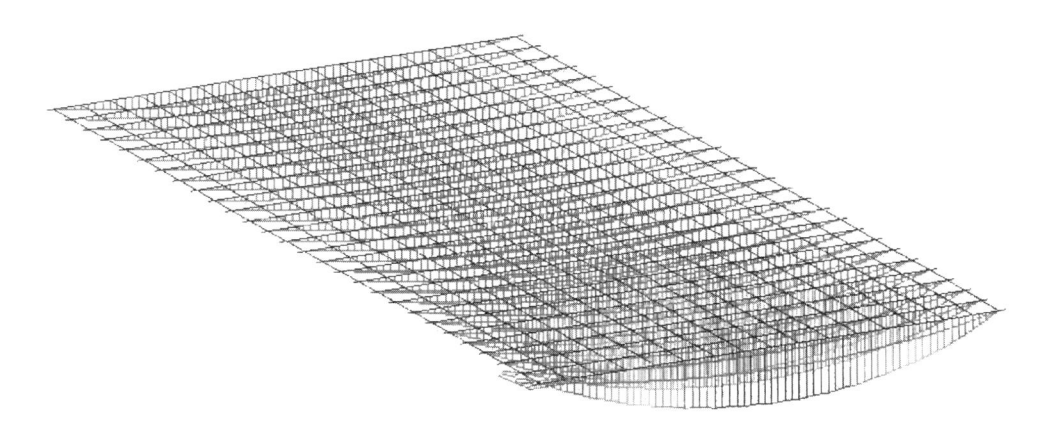

图3.5 全桥弯矩分布示意图

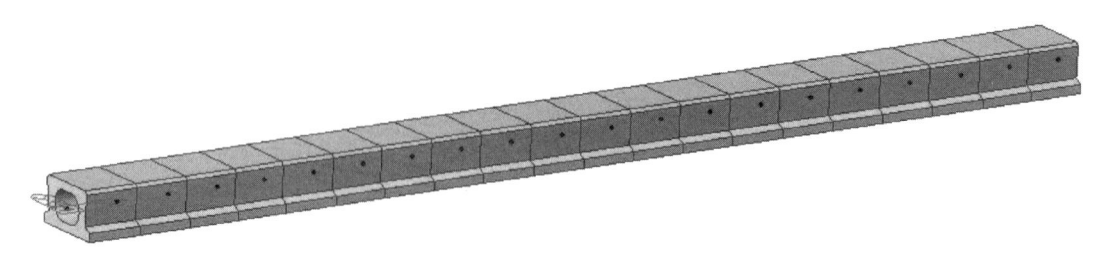

图 3.6　单梁模型

图 3.7　单梁弯矩分布示例图（单位：kN·m）

图 3.8　单梁剪力分布示例图（单位：kN）

表 3.1　活载横向分布系数

位　置	活　载	
	汽-20 级	挂-100 级
边梁	0.313	0.174
中梁	0.254	0.148

荷载组合按《公路钢筋混凝土及预应力混凝土桥涵设计规范》（JTG 023—85）[5]要求取用，得到空心板单梁内力计算结果见表 3.2，验算结果见表 3.3。计算结果表明，原结构承载能力满足 JTG 023—85 要求，但抗弯承载力的富余量较低，组合Ⅰ和组合Ⅲ的极限抗弯承载力富余量仅为 2.7% 和 7.5%。

表 3.2　空心板单梁内力及其组合设计值

荷　载		最大弯矩/(kN·m)	最大剪力/kN
恒载（自重+二期）		247.3	78.5
活载	汽-20 级	288.3	101.5
	挂-100 级	335.7	129.8
承载能力极限状态组合	组合Ⅰ：1.2×恒载+1.4×汽-20 级	700.4	236.3
	组合Ⅲ：1.2×恒载+1.1×挂-100 级	666.0	237.0
正常使用极限状态组合	组合Ⅰ：1.0×恒载+1.0×汽-20 级	535.6	180.0
	组合Ⅲ：1.0×恒载+1.0×挂-100 级	583.0	208.3

表 3.3　　　　　　　　　　　原结构按 JTG 023—85 验算结果

验算状态		项目	效应值	抗力（规范值）	富余量（或结论）
承载能力极限状态验算	组合Ⅰ	最大正弯矩	700.4kN·m	720.1kN·m	2.7%
	组合Ⅲ		666.0kN·m		7.5%
	组合Ⅰ	最大剪力	236.3kN·m	300.5kN·m	21.4%
	组合Ⅲ		237.0kN·m		21.1%
施工阶段应力验算		最大正应力	7.77MPa	16.8MPa	53.8%
		最大主拉应力	0.61MPa	−2.73MPa	满足
正常使用阶段挠度验算	汽车荷载	竖向位移	8.9mm	21.0mm	满足
	挂车荷载	竖向位移	12.4mm		满足

3.3.3　原桥承载力检算评定

在桥梁现状检测的基础上，依据该桥梁结构质量（缺损状况、材质状况及耐久性指标等）检测结果、结构固有模态参数测定结果以及使用荷载调查分析情况等，确定原桥检验系数、截面折减系数、恶化系数等参数。将这些参数反映在结构抗力计算表达式中，通过结构检算分析进行荷载效应和抗力效应的比较，对该桥承载力作出评定。

根据《公路桥梁承载能力检测评定规程》（JTG/T J21—2011），对结构抗力和荷载效应分别进行修正，即

$$\gamma_0 S \leqslant R(f_d, \xi_c a_{dc}, \xi_s a_{ds}) Z_1 (1-\xi_e) \tag{3.1}$$

式中　Z_1——承载能力检算系数；
　　　ξ_e——承载能力恶化系数；
　　　ξ_c——配筋混凝土结构的截面折减系数；
　　　ξ_s——钢筋的截面折减系数。

1. 确定承载力检算系数

根据第 2 章介绍可知，配筋混凝土桥梁应综合考虑桥梁结构或构件表观缺损状况、材质强度和桥梁结构自振频率等的检测评定结果，按以下公式确定承载力检算系数 Z_1[6]。

$$D = \sum \alpha_j D_j \tag{3.2}$$

式中　α_j——某项检测指标的权重值，$\sum_{j=1}^{3} \alpha_j = 1$；
　　　D_j——结构或构件某项检测指标的评定标度。

主梁承载力检算系数 Z_1 的确定详见表 3.4，上部结构技术状况评定值为 2，承载力检算系数 Z_1 取为 1.10。

对于进行荷载试验评定的桥梁，应以荷载试验结果确定的检算系数 Z_2 代替 Z_1 从新进行承载能力评定。根据本桥的静载试验数据，桥梁挠度校验系数最大值为 0.88 且小于 1，裂缝闭合宽度与扩展跨度比值最小值为 0.38 且小于 0.66，且卸载后闭合宽度最大值为 0.26mm 且大于 0.20mm，不满足《公路桥梁承载能力检测评定规程》（JTG/T J21—2011）

第3章 城市装配式混凝土板梁桥纵向加固实例

表3.4　　　　　　　　　　承载力检算系数 Z_1

检测指标	权重值 α_j	检测指标的评定标度 D_j	承载能力检算系数评定标度 D	对应于受弯构件的检算系数 Z_1
缺损状况	0.4	2	2	1.10
材质强度	0.3	1		
自振频率	0.3	3		

第8.3.1条规定。故取主要测点挠度校验系数较大的值确定检算系数 Z_2，代替 Z_1 进行承载力评定，检算系数 Z_2 见表3.5。

表3.5　　承载力检算系数 Z_2

校验系数 ζ	承载力检算系数 Z_2
0.88	1.06

2. 承载力恶化系数 ξ_e 的确定

桥梁结构在环境作用下将使结构的材质状况和使用功能劣化，环境作用对结构承载力的影响可归结为钢筋腐蚀、混凝土强度下降和截面缺损等3个方面。主要评定指标为：混凝土表观缺陷（包括蜂窝、麻面、剥落和裂缝）、混凝土强度、钢筋锈蚀电位、混凝土电阻率、混凝土中氯离子含量、混凝土碳化深度和钢筋保护层厚度等。恶化状况评定标度 E 按式（3.3）计算，主梁承载力恶化系数的确定详见表3.6，构件恶化状况评定标度为1.32，承载力恶化系数取为0.0564。

$$E = \sum_{j=1}^{7} E_j \alpha_j \tag{3.3}$$

式中　α_j——某项检测指标的权重值，$\sum_{j=1}^{7} \alpha_j = 1$；

　　　E_j——结构或构件某项检测指标的评定标度。

表3.6　　　　　　　　　　承载力恶化系数 ξ_e

检测指标	权重值 α_j	检测指标的评定标度 E_j	恶化状况评定标度 E	承载力恶化系数 ξ_e
缺损状况	0.32	2	1.32	0.0564
钢筋锈蚀电位	0.11	1		
混凝土电阻率	0.05	1		
混凝土碳化状况	0.20	1		
钢筋保护层厚度	0.12	1		
氯离子含量	0.15	1		
混凝土强度	0.05	1		

3. 截面折减系数 ξ_c、ξ_s 的确定

对配筋混凝土桥梁结构或构件而言，因外力作用而导致构件外观缺损（如混凝土剥落、缺角等）或开裂和钢筋的锈蚀等，将使截面面积减少。混凝土桥梁结构或构件的截面折减系数应依据材料风化、碳化、物理与化学损伤三项检测指标的评定标度，按式（3.4）

计算确定结构或构件截面损伤的综合评定标度 R。

$$R = \sum_{j=1}^{N} R_j \alpha_j \tag{3.4}$$

式中　R_j——某项检测指标的评定标度；

　　　α_j——某项检测指标的权重值，$\sum_{j=1}^{N} \alpha_j = 1$；

　　　N——对混凝土及配筋混凝土结构，$N=3$。

针对该桥的检测情况截面折减系数的确定详见表3.7，截面折减系数 ξ_c 取 0.98。根据该桥的检测情况，由《公路桥梁承载能力检测评定规程》(JTG/T J21—2011) 表 7.7.6 得钢筋截面折减系数 ξ_s 为 0.98。

表 3.7　　截面折减系数 ξ_c

检测指标	权重值 α_j	检测指标的评定标度 R_j	截面损伤综合评定标度 R	截面折减系数 ξ_c
材料风化	0.10	1	1	0.98
混凝土碳化	0.35	1		
物理与化学损伤	0.55	1		

4. 活载影响修正系数 ξ_q 的确定

根据实际调查的典型代表交通量、大吨位车辆混入率和轴向荷载分布情况，取活载影响修正系数 ξ_q 为 1.20。

5. 检算过程

根据面积、惯性矩不变的原则，将空心板截面换算成等效的工字形截面，如图 3.9 所示。

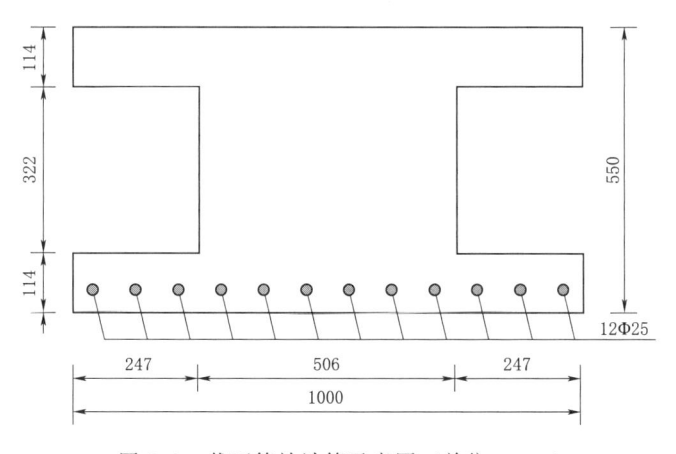

图 3.9　截面等效计算示意图（单位：mm）

(1) 正截面抗弯承载力验算。

令 x 为混凝土相对受压区高度，若 $x > h'_f$，则

$$x = \frac{f_{sd}A_s\xi_s - f_{cd}(b_f - b)h'_f\xi_c}{f_{cd}b\xi_c}$$

$$= \frac{280 \times 5890.8 \times 0.98 - 12.88 \times (1000 - 506) \times 114 \times 0.98}{12.88 \times 506 \times 0.98}$$

$$= 141.4(\text{mm}) > (h'_f = 114\text{mm})$$

此时，正截面抗弯承载力：

$$M_u = [f_{cd}bx(h_0 - x/2) + f_{cd}(b_f - b)h^e_f(h_0 - h^e_f/2)]\xi_c Z_2(1 - \xi_e)$$

$$= [12.88 \times 506 \times 141.4 \times (506 - 141.4/2) + 12.88 \times (1000 - 506)$$

$$\times 114 \times (506 - 114/2)] \times 0.98 \times 1.06 \times (1 - 0.0564) = 7122.4(\text{kN} \cdot \text{m})$$

考虑活载影响修正系数后荷载效应设计值的为：

$$M_j = 1.2 \times 247.3 + 1.4 \times 288.3 \times 1.2 = 781.1(\text{kN} \cdot \text{m})$$

故弯矩设计值大于抗弯承载力，该空心板跨中截面抗弯承载力不满足《公路桥梁承载能力检测评定规程》(JTG/T J21—2011) 要求[6]，需要进行加固。

(2) 斜截面抗剪承载力验算。根据现行《公路钢筋混凝土及预应力混凝土桥涵设计规范》(JTG 3362—2018)[7] 要求，验算距支座中心 $h/2$（h 为空心板板厚）处截面。距支点 $h/2$ 处斜截面剪力计算值为

$$V' = (264.8 - 91.7) \times \frac{6.3 - 0.275}{6.3} + 91.7 = 257.2(\text{kN})$$

$$0.51 \times 10^{-3}\sqrt{f_{cu,k}}bh_0 = 0.51 \times 10^{-3} \times \sqrt{28} \times 506 \times 506 = 691.0(\text{kN}) > \gamma_0 V = 257.2\text{kN}$$

截面尺寸满足要求。

以空心板跨中为原点，水平方向为 x 轴，向左为正，验算截面顶端位置横坐标为

$$x = \frac{12.6}{2} - \frac{0.55}{2} - 0.506 = 5.519(\text{m})$$

验算斜截面顶端截面的弯矩计算值为

$$M_x = M_{1/2}\left(1 - \frac{4x^2}{l_0^2}\right) = 781.1 \times \left(1 - \frac{4 \times 5.519^2}{12.6^2}\right) = 182.0(\text{kN} \cdot \text{m})$$

验算斜截面顶端截面的剪力计算值为

$$V_x = V_{1/2} + (V_0 - V_{1/2})\frac{2x}{l_0} = 91.7 + (264.8 - 91.7) \times \frac{2 \times 5.519}{12.6} = 243.3(\text{kN})$$

剪跨比计算值为

$$m = \frac{M_x}{V_x h_0} = \frac{182.0}{243.3 \times 0.506} = 1.48 < 3$$

斜截面投影长度

$$c = 0.6mh_0 = 0.6 \times 1.48 \times 506 = 449.3(\text{mm})$$

斜截面处纵向主筋为 12⌀25，配筋百分率为

$$P = 100\rho = 100 \times \frac{5890.8}{506 \times 506} = 2.3\%$$

箍筋配筋率为

$$\rho_{sv} = \frac{A_{sv}}{bS_v} = \frac{101}{506 \times 100} = 0.2\%$$

系数 $\alpha_1 = 1.0$，$\alpha_2 = 1.0$，$\alpha_3 = 1.1$，斜截面与两排斜筋（4Φ25）相交，$A_{sb} = 1964\text{mm}^2$，则斜截面抗剪承载力为

$$\begin{aligned}V_u &= \alpha_1\alpha_2\alpha_3 0.45 \times 10^{-3} bh_0 \sqrt{(2+0.6P)\sqrt{f_{cu,k}}\rho_{sv}f_{sv}} + 0.75 \times 10^{-3} f_{sd}A_{sb}\sin45°\\
&= 1.0 \times 1.0 \times 1.1 \times 0.45 \times 10^{-3} \times 506 \times 506 \times \sqrt{(2+0.6\times2.3)\times\sqrt{28}\times0.002\times195}\\
&\quad + 0.75 \times 10^{-3} \times 280 \times 1964 \times \sin45° = 856.7(\text{kN}) > (\gamma_0 V_d = 257.2\text{kN})\end{aligned}$$

由上述计算可知，该桥上部结构中梁距支点 $h/2$ 处斜截面抗剪承载力满足要求，无需对斜截面抗剪承载力进行加固设计[7]。

3.4 加固设计方案比选

制定桥梁加固方案时，应根据桥梁的具体病害类型，以安全适用、技术可靠、经久耐用、经济合理为要求，选择合适的桥梁加固方法。本节分别采用增大截面加固法、粘贴钢板加固法、粘贴纤维复合材料加固法、体外预应力加固法对某装配式混凝土板梁桥进行加固设计，以恢复桥梁原有承载力为目标，以桥梁承载力提高率、桥梁损伤程度、施工难度、环境影响为评判标准，确定出最优设计方案。

3.4.1 增大截面加固法简介

增大截面加固法是一种在构件表面加大混凝土截面尺寸，增设受力钢筋，使其与原结构形成整体，共同受力，以增加结构刚度，提高结构承载能力的加固方法[8]。

增大正截面加固可分为在截面受压区增设现浇混凝土加厚层和受拉区增设现浇混凝土加厚层两种方法。

（1）对矩形截面或翼缘位于受拉边的 T 形截面钢筋混凝土受弯构件的受拉区进行抗弯加固时，其正截面受弯承载力按式（3.5）计算，计算示意图如图 3.10 所示。

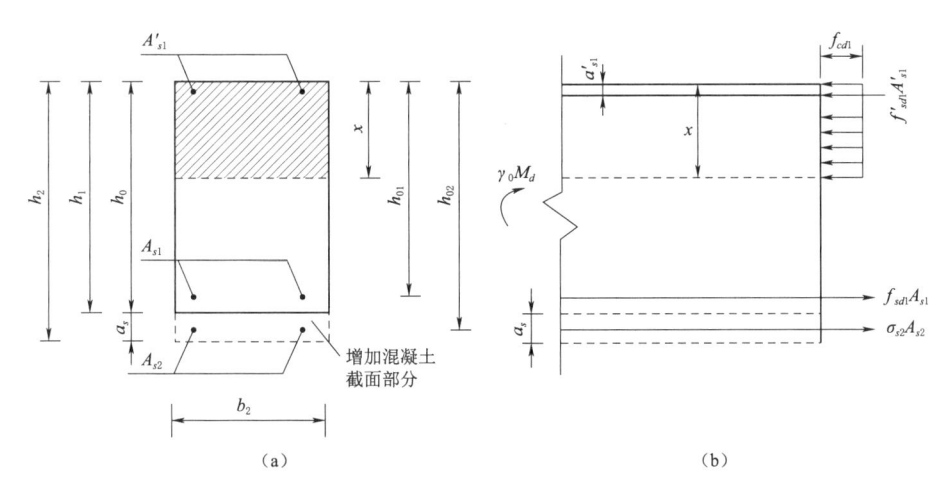

图 3.10 受弯构件的抗弯承载力计算

$$\gamma_0 M_d \leqslant f_{cd} bx \left(h_0 - \frac{x}{2}\right) + f'_{sd1} A'_{s1} (h_0 - a'_{s1}) \tag{3.5}$$

混凝土受压区高度按下式确定

$$f_{cd1} bx = f_{sd1} A_{s1} - f'_{sd1} A'_{s1} + \sigma_{s2} A_{s2} \tag{3.6}$$

$$\sigma_{s2} = \varepsilon_{s2} E_{s2}$$

$$\sigma_{s2} \leqslant f_{sd2} \tag{3.7}$$

混凝土受压区高度 x 尚应符合下列条件

$$2a'_{s1} \leqslant x \leqslant \xi_b h_{01} \tag{3.8}$$

式中 γ_0——桥梁结构的重要性系数，按照现行《公路钢筋混凝土及预应力混凝土桥涵设计规范》（JTG 3362—2018）规定选取；

M_d——第二阶段弯矩组合设计值；

f_{cd1}——原构件混凝土轴心抗压强度设计值，可根据现场检测强度推算值按照现行《公路钢筋混凝土及预应力混凝土桥涵设计规范》（JTG 3362—2018）确定；

f_{sd1}、f'_{sd1}——分别为原构件纵向普通钢筋的抗拉强度设计值和抗压强度设计值；

A_{s1}、A'_{s1}——分别为原构件受拉和受压区纵向普通钢筋的截面面积；

A_{s2}——新增纵向普通钢筋的截面面积；

b——加固后构件截面宽度；

h_0——加固后截面有效高度，$h_0 = h_2 - a_s$，此处 h_2 为加固后截面全高，a_s 为受拉区纵向普通钢筋 A_{s1} 和 A_{s2} 的合力点至截面受拉区边缘的距离；

h_{01}——原构件截面有效高度，为原构件受拉区纵向普通钢筋 A_{s1} 合力点至截面受区区边缘的距离；

x——等效矩形应力图形的混凝土受压区高度，简称混凝土受压区高度；

σ_{s2}——新增纵向普通钢筋的拉应力；

E_{s2}——新增纵向普通钢筋的弹性模量；

ε_{s2}——在构件达到承载能力极限状态时，新增纵向普通钢筋的拉应变，按本章式计算；

ξ_b——正截面相对界限受压区高度，按原构件混凝土和受拉钢筋强度级别，按照《公路钢筋混凝土及预应力混凝土桥涵设计规范》（JTG 3362—2018）表5.2.1规定选用。

$x < 2a'_{s1}$ 时，正截面抗弯承载力按下式计算：

$$\gamma_0 M_d \leqslant f_{sd1} A_{s1} (h_{01} - a'_{s1}) + \sigma_{s2} A_{s2} (h_{02} - a'_{s1}) \tag{3.9}$$

式中 h_{02}——新增纵向普通钢筋的合力点至截面受压边缘的距离；

其他符号意义见式（3.5）～式（3.8）。

（2）对翼缘位于受压区的 T 形钢筋混凝土截面受弯构件，在其受拉区采用增大截面进行抗弯加固后的正截面抗弯承载力应按下列规定计算。

1）当混凝土受压区高度 $x \leqslant h'_f$ 时［图 3.11（a）］，应以宽度为 b'_f 的矩形截面，按式（3.5）～式（3.8）计算正截面抗弯承载力。

2）当混凝土受压区高度 $x > h'_f$ 时［图 3.11（b）］，其正截面抗弯承载力应按下列公

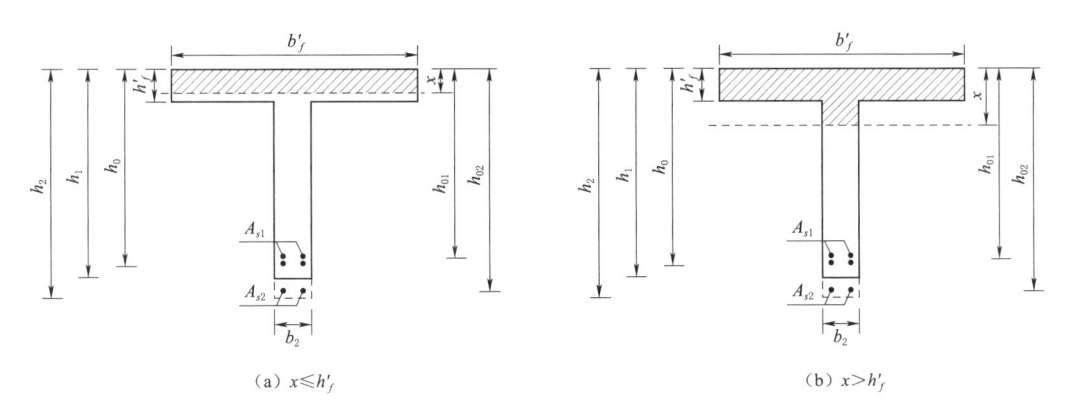

图 3.11 T形截面受弯构件正截面承载力计算

式计算。

$$\gamma_0 M_d \leqslant f_{cd}\left[b_2 x\left(h_0-\frac{x}{2}\right)+(b'_f-b_2)h'_f\left(h_0-\frac{h'_f}{2}\right)\right] \tag{3.10}$$

混凝土受压区高度应按下式计算，并应满足构造要求：

$$f_{cd}b_2 x+f_{cd}(b'_f-b_2)h'_f=f_{sd1}A_{s1}+\sigma_{s2}A_{s2} \tag{3.11}$$

式中 h'_f——T形截面受压翼缘厚度；

b'_f——T形截面受压翼缘的有效宽度，按照《公路钢筋混凝土及预应力混凝土桥涵设计规范》（JTG 3362—2018）第4.3.3条的规定采用；

其他符号意义见式（3.5）～式（3.8）。

(3) 在受拉区采用增大截面加固的钢筋混凝土受弯构件达到受弯承载能力极限状态时，新增纵向普通钢筋的拉应变 ε_{s2} 按式（3.12）、式（3.13）计算。

$$\varepsilon_{s2}=\frac{\varepsilon_{cu}(\beta h_{02}-x)}{x}-\frac{\varepsilon_{c1}(h_{02}-x_1)}{x_1} \tag{3.12}$$

$$\varepsilon_{c1}=\frac{M_{d1}}{E_c I_{cr}}x_1 \tag{3.13}$$

式中 M_{d1}——第一阶段弯矩组合设计值；

ε_{cu}——混凝土极限压应变，当混凝土强度等级为C50及C50以下时，取 $\varepsilon_{cu}=0.0033$；

β——截面受压区矩形应力图高度与实际受压区高度的比值，当混凝土强度等级为C50及以下时，取 $\beta=0.8$；

h_{02}——受拉区新增纵向普通钢筋 A_{s2} 合力点至截面受压区边缘距离；

ε_{c1}——在 M_{d1} 作用下，原构件截面上边缘的混凝土压应变；

x_1——加固前原构件开裂截面换算截面的混凝土受压区高度；

I_{cr}——加固前原构件开裂截面换算截面的惯性矩；

E_c——原构件混凝土的弹性模量。

3.4.2 增大截面加固法计算实例

根据《城市桥梁结构加固技术规程》（CJJ/T 239—2016）[9]，采用增大截面加固受弯构件时，可根据原结构构造和受力的实际情况，选用仅在不同位置增设现浇混凝土加厚层的加固方式[10]。

1. 受拉区增大截面加固法

设计拟采用受拉区增大截面加固法进行加固，加固方案如图3.12所示。

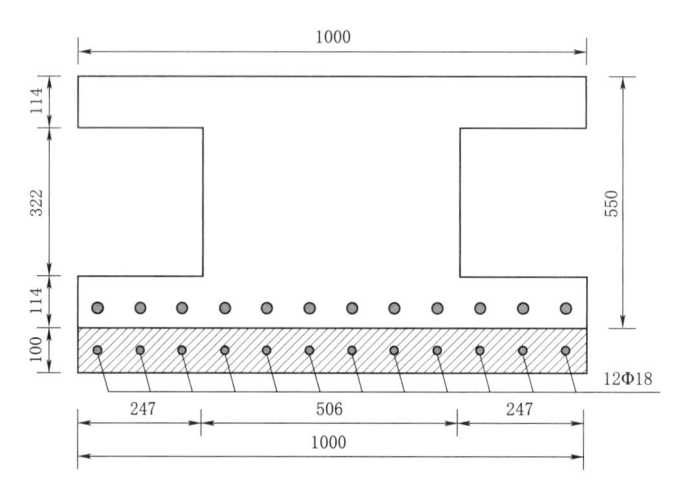

图3.12 受拉区增大截面设计图（单位：mm）

新增混凝土强度等级为C30，新增钢筋采用HRB335级钢筋，钢筋规格为：12Φ18，$A_{s2}=3054\text{mm}^2$，$a_{s2}=50\text{mm}$，加固层厚度设计为$h_c=100\text{mm}$，$h_1=550\text{mm}$，$h_2=650\text{mm}$，则h_{01}、h_{02}为

$$h_{01}=h_1-a_{s1}=550-44=506(\text{mm})$$
$$h_{02}=h_2-a_{s2}=650-50=600(\text{mm})$$

钢筋与混凝土弹性模量之比为$\alpha_{E_s}=E_s/E_c=6.85$。

(1) 加固前原构件开裂截面的混凝土受压区高度x_1（按换算截面计算）：

$$A_1=[\alpha_{E_s}A_s+(b'_f-b)h'_f]/b$$
$$=[6.85\times5890.8+(1000-506)\times114]/506=191.04(\text{mm})$$
$$B_1=[2\alpha_{E_s}A_s h_0+(b'_f-b){h'_f}^2]/b$$
$$=[2\times6.85\times5890.8\times506+(1000-506)\times114^2]/506=93391.75(\text{mm}^2)$$

则

$$x_1=\sqrt{A_1^2+B_1}-A_1=\sqrt{191.04^2+93391.75}-191.04=169.4(\text{mm})$$

开裂截面惯性矩为

$$I_{cr}=\frac{b'_f x_1^3}{3}-\frac{(b'_f-b)(x_1-h'_f)^3}{3}+\alpha_{E_s}A_s(h_0-x_1)^2$$
$$=\frac{1000\times169.4^3}{3}-\frac{(1000-506)\times(169.4-114)^3}{3}+6.85\times5890.8\times(506-169.4)^2$$
$$=6.847\times10^9(\text{mm}^4)$$

(2) 新增混凝土在跨中截面引起的弯矩。

新增混凝土结构自重：$g_1 = 1 \times 0.1 \times 25 (\text{kN/m}^3) = 2.5 (\text{kN/m})$

新增混凝土在跨中产生的弯矩：$M'_{G1} = \dfrac{gl^2}{8} = \dfrac{2.5 \times 12.6^2}{8} = 49.6 (\text{kN} \cdot \text{m})$

第一阶段跨中弯矩值：$M_{d1} = 1.2 \times (247.3 + 49.6) = 356.3 (\text{kN} \cdot \text{m})$

第二阶段跨中弯矩值：$M_d = 1.2 \times (49.6 + 247.3) + 1.4 \times 288.3 \times 1.2 = 840.6 (\text{kN} \cdot \text{m})$

在 M_{d1} 作用下，原构件截面受压边缘混凝土压应变为

$$\varepsilon_{c1} = \dfrac{M_{d1} x_1}{I_{cr} E_c} = \dfrac{356.3 \times 10^6 \times 169.4}{6.847 \times 10^9 \times 2.92 \times 10^4} = 3.02 \times 10^{-4}$$

$$a_s = \dfrac{f_{sd1} A_{s1} (a_{s1} + h_c) + \alpha_s f_{sd2} A_{s2} a_{s2}}{f_{sd1} A_{s1} + \alpha_s f_{sd2} A_{s2}}$$

$$= \dfrac{280 \times [5890.8 \times (44 + 100) + 0.9 \times 3054 \times 50]}{280 \times (5890.8 + 0.9 \times 3054)} = 114 (\text{mm})$$

$$h_{00} = h_2 - a_s = 650 - 114 = 536 (\text{mm})$$

（3）判断新增受拉钢筋是否达到屈服强度。

$$f_{cd} b x + f_{cd} (b'_f - b) h'_f = f_{sd1} A_{s1} + \alpha_s E_{s2} \varepsilon_{s2} A_{s2}$$

$$\varepsilon_{s2} = \dfrac{\varepsilon_{cu} (\beta h_{02} - x)}{x} - \dfrac{\varepsilon_{c1} (h_{02} - x_1)}{x_1}$$

将数据代入有：

$12.88 \times 506 x + 12.88 \times (1000 - 506) \times 114 = 280 \times 5890.8 + 0.9 \times 2.0 \times 10^5 \times 3054 \times \varepsilon_{s2}$

$$\varepsilon_{s2} = \dfrac{0.0033 \times (0.8 \times 600 - x)}{x} - \dfrac{0.000302 \times (600 - 169.4)}{169.4}$$

经整理得： $x^2 + 201.34 x - 133607.3 = 0$

解得： $x = 278.46 (\text{mm}) \leqslant [\xi_b h_{00} = 0.56 \times 536 = 300.16 (\text{mm})]$

$$\varepsilon_{s2} = 0.00162, \sigma_{s2} = \varepsilon_{s2} E_{s2} = 0.00162 \times 2.0 \times 10^5 = 324 (\text{MPa})$$

因为：$\sigma_{s2} \geqslant f_{sd2} = 280 \text{MPa}$，即新增受拉钢筋到达屈服强度，取 $\sigma_{s2} = f_{sd2} = 280 (\text{MPa})$

（4）混凝土受压区高度。

$$x = \dfrac{f_{sd1} A_{s1} + \alpha_s f_{sd2} A_{s2} - f_{cd} (b'_f - b) h'_f}{f_{cd} b}$$

$$= \dfrac{280 \times 5890.8 + 0.9 \times 280 \times 3054 - 12.88 \times (1000 - 506) \times 114}{12.88 \times 506}$$

$$= 260 (\text{mm}) \leqslant (\xi_b h_{00} = 300.16 \text{mm})$$

跨中截面抗弯承载力为

$$M_u = f_{cd} \left[b x \left(h_{02} - \dfrac{x}{2} \right) + (b'_f - b) h'_f \left(h_{02} - \dfrac{h'_f}{2} \right) \right] - f_{sd1} A_{s1} (h_c + a_{s1} - a_{s2})$$

$$= 12.88 \times \left[506 \times 260 \times \left(600 \dfrac{260}{2} \right) + (1000 - 506) \times 114 \times \left(650 \dfrac{114}{2} \right) \right]$$

$$- 280 \times 5890.8 \times (100 + 44 - 50) = 1035.2 (\text{kN} \cdot \text{m}) > [\gamma_0 M_d = 840.6 (\text{kN} \cdot \text{m})]$$

所以承载力符合要求。

2. 受压区增大截面加固法

设计拟将原已破损的桥面铺装全部拆除,在空心板顶面加铺一层厚度为 $h'_c=100\text{mm}$ 的 C30 混凝土,加固设计方案如图 3.13 所示。

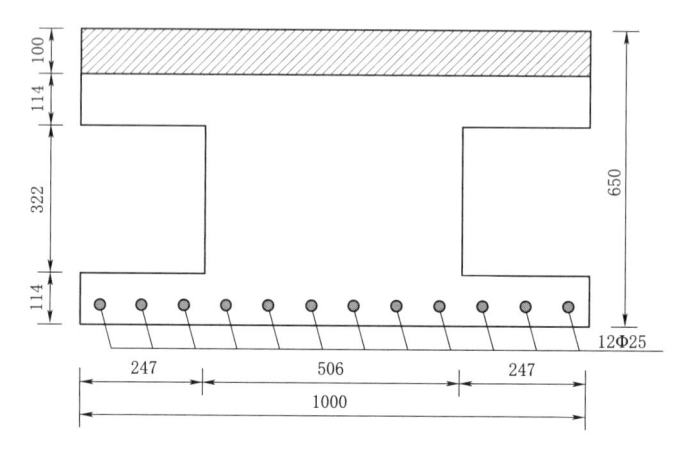

图 3.13 受压区增大截面加固设计图(单位:mm)

其中:$f_{cd1}=12.88\text{MPa}$,$f_{cd2}=13.8\text{MPa}$,$\xi_b=0.56$,$f_{sd1}=280\text{MPa}$

$$h_0=h_{01}+h'_c=506+100=606(\text{mm})$$
$$h'_{f2}=114+100=214(\text{mm})$$

(1) 新增混凝土在跨中截面引起的弯矩。

新增混凝土结构自重:$g_1=1\times0.1\times25\text{kN/m}^3=2.5(\text{kN/m})$

新增混凝土在跨中引起的弯矩为:

$$M'_{G1}=\frac{gl^2}{8}=\frac{2.5\times12.6^2}{8}=49.6(\text{kN}\cdot\text{m})$$

第一阶段跨中弯矩值:$M_{d1}=1.2\times(247.3+49.6)=356.3(\text{kN}\cdot\text{m})$

第二阶段跨中弯矩值:$M_d=1.2\times(49.6+247.3)+1.4\times288.3\times1.2=840.6(\text{kN}\cdot\text{m})$

新旧混凝土组合截面的受压区轴心抗压强度设计值 f_{cc} 为

$$f_{cc}=0.5(f_{cd1}+0.9f_{cd2})=0.5\times(12.88+0.9\times13.8)=12.65(\text{MPa})$$
$$f_{cc}\leqslant1.2f_{cd1}=1.2\times12.88=15.46(\text{MPa})$$

(2) 判断 T 形截面类型。

$$f_{cc}b'_fh'_{f2}=12.65\times1000\times214=2707.1\times10^3(\text{kN})$$
$$f_{sd1}A_{s1}=280\times5890.8=1649.424\times10^3(\text{kN})$$

由于 $f_{cc}b'_fh'_{f2}>f_{sd1}A_{s1}$,故为第一类 T 形截面。

(3) 截面抗弯承载力 M_u。

受压区高度 x 为

$$x=\frac{f_{sd1}A_{s1}}{f_{cc}b'_f}=\frac{280\times5890.8}{12.65\times1000}=130.4(\text{mm})\leqslant[\xi_bh_0=339.36(\text{mm})]$$

截面抗弯承载力为

$$M_u=f_{cc}b'_fx\left(h_0-\frac{x}{2}\right)=12.65\times1000\times130.4\times\left(606-\frac{130.4}{2}\right)=892.1(\text{kN}\cdot\text{m})$$

因为 $M_u \geqslant \gamma_0 M_d = 840.6 \text{kN} \cdot \text{m}$,符合承载力的要求,新增受压区混凝土截面仅需按构造要求进行配筋即可。

3. 双侧增大截面加固法

设计拟采用双侧增大截面法进行加固,新增混凝土强度等级为 C30,新增钢筋采用 HRB335 级钢筋。

跨中截面配置受拉钢筋为 $12\Phi12$,$A_{s2}=1357\text{mm}^2$,$a_{s2}=50\text{mm}$;受压区新增钢筋为 $6\Phi12$,$A'_{s2}=679\text{mm}^2$,$a'_{s2}=40\text{mm}$,$h'_{f2}=214\text{mm}$;新增混凝土加固层厚度设计为 $h_c = h'_c = 100\text{mm}$。则 $h_1 = 550\text{mm}$,$h_{01} = h_1 - a_{s1} = 550 - 44 = 506$ (mm),$h_2 = 750\text{mm}$,$h_{02} = h_2 - a_{s2} = 750 - 50 = 700$ (mm)。

加固方案如图 3.14 所示。

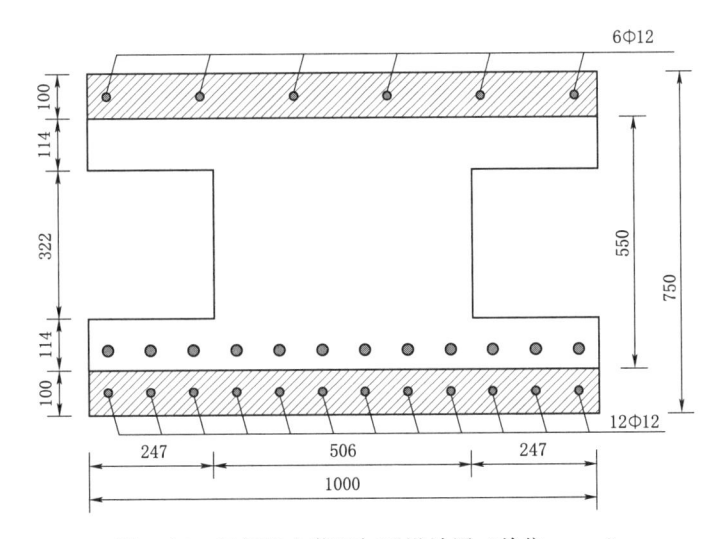

图 3.14 双侧增大截面加固设计图(单位:mm)

钢筋与混凝土弹性模量之比 $\alpha_{E_s} = E_s / E_c = 6.85$。

(1) 加固前原构件开裂截面的混凝土受压区高度 x_1(按换算截面计算)。

$A_1 = [\alpha_{E_s} A_s + (b'_f - b) h'_f] / b = [6.85 \times 5890.8 + (1000 - 506) \times 114] / 506 = 191.04 \text{(mm)}$

$B_1 = [2\alpha_{E_s} A_s h_0 + (b'_f - b) h'^2_f] / b$

$\quad = [2 \times 6.85 \times 5890.8 \times 506 + (1000 - 506) \times 114^2] / 506 = 93391.75 \text{(mm}^2\text{)}$

则

$$x_1 = \sqrt{A^2 + B_1} - A_1 = \sqrt{191.04^2 + 93391.75} - 191.04 = 169.4 \text{(mm)}$$

计算开裂截面惯性矩

$I_{cr} = \dfrac{b'_f x_1^3}{3} - \dfrac{(b'_f - b)(x_1 - h'_f)^3}{3} + \alpha_{E_s} A_s (h_0 - x_1)^2$

$\quad = \dfrac{1000 \times 169.4^3}{3} - \dfrac{(1000 - 506) \times (169.4 - 114)^3}{3} + 6.85 \times 5890.8 \times (506 - 169.4)^2$

$\quad = 6.847 \times 10^9 \text{(mm}^4\text{)}$

(2) 新增混凝土在跨中截面引起的弯矩:新增混凝土结构自重为

$$g_1=1\times0.1\times25\text{kN/m}^3=2.5(\text{kN/m}), g_2=1\times0.1\times25\text{kN/m}^3=2.5(\text{kN/m})$$

新增混凝土在跨中引起的弯矩为

$$M'_{G1}=\frac{gl^2}{8}=\frac{2.5\times12.6^2}{8}=49.6(\text{kN}\cdot\text{m})$$

$$M'_{G2}=\frac{gl^2}{8}=\frac{2.5\times12.6^2}{8}=49.6(\text{kN}\cdot\text{m})$$

第一阶段跨中弯矩值：

$$M_{d1}=1.2\times(247.3+49.6\times2)=415.8(\text{kN}\cdot\text{m})$$

第二阶段跨中弯矩：

$$M_d=1.2\times(49.6\times2+247.3)+1.4\times288.3\times1.2=900.2(\text{kN}\cdot\text{m})$$

在 M_{d1} 作用下，原构件截面受压边缘混凝土压应变：

$$\varepsilon_{c1}=\frac{M_{d1}x_1}{I_{cr}E_c}=\frac{415.8\times10^6\times169.4}{6.847\times10^9\times2.92\times10^4}=3.52\times10^{-4}$$

（3）判断 T 形截面类型。新旧混凝土组合截面的受压区混凝土轴心抗压强度设计值为

$$f_{cc}=0.5\times(f_{cd1}+0.9f_{cd2})$$
$$=0.5\times(11.5+0.9\times13.8)=12.65(\text{MPa})\leqslant1.2f_{cd1}=15.456\text{MPa}$$

$$f_{cc}b'_fh'_{f2}+\alpha_sf'_{sd2}A'_{s2}=12.62\times1000\times214+0.9\times280\times679=2878.21\times10^3(\text{kN})$$

$$f_{sd1}A_{s1}+\alpha_sf_{sd2}A_{s2}=280\times5890.8+0.9\times280\times1357=1991.388\times10^3(\text{kN})$$

由于

$$f_{cc}b'_fh'_{f2}+\alpha_sf'_{sd2}A'_{s2}>f_{sd1}A_{s1}+\alpha_sf_{sd2}A_{s2}$$

所以属于第一类 T 形截面，a_s 为

$$a_s=\frac{f_{sd1}A_{s1}(a_{s1}+h_c)+\alpha_sf_{sd2}A_{s2}a_{s2}}{f_{sd1}A_{s1}+\alpha_sf_{sd2}A_{s2}}$$

$$=\frac{280\times[5890.8\times(44+100)+0.9\times1357\times50]}{280\times(5890.8+0.9\times1357)}=128(\text{mm})$$

$$h_{00}=h_2-a_s=750-128=622(\text{mm})$$

（4）判断新增受拉钢筋是否达到屈服强度。

$$f_{cc}b'_fx+\alpha_sf'_{sd2}A'_{s2}=f_{sd1}A_{s1}+\alpha_sE_{s2}\varepsilon_{s2}A_{s2}$$

$$\varepsilon_{s2}=\frac{\varepsilon_{cu}(\beta h_{02}-x)}{x}-\frac{\varepsilon_{c1}(h_{02}-x_1)}{x_1}$$

将数据代入得 $x^2-22.46x-39648=0$；

解得：$x=188.2\text{mm}\leqslant h'_{f2}=214\text{mm}$。

$$\varepsilon_{s2}=0.00542, \sigma_{s2}=\varepsilon_{s2}E_{s2}=0.00542\times2.0\times10^5=1083(\text{MPa})$$

$\sigma_{s2}\geqslant f_{sd2}=280\text{MPa}$，即新增受拉钢筋到达屈服，取 $\sigma_{s2}=f_{sd2}=280\text{MPa}$

（5）混凝土受压区高度。

$$x = \frac{f_{sd1}A_{s1} + \alpha_s f_{sd2}A_{s2} - \alpha_s f'_{sd2}A'_{s2}}{f_{cc}b}$$

$$= \frac{280 \times 5890.8 + 0.9 \times 280 \times 1357 - 0.9 \times 280 \times 679}{12.65 \times 1000}$$

$$= 144 (\text{mm})$$

因为： $2a'_{s2} = 80\text{mm} \leqslant x < 2(a'_{s1} + h'_c) = 200(\text{mm})$。

跨中截面抗弯承载力为

$$M_u = f_{cc}b'_f x \left(h_{02} - \frac{x}{2}\right) + \alpha_s f'_{sd2} A'_{s2}(h_{02} - a'_{s2}) - f_{sd1}A_{s1}(h_c + a_{s1} - a_{s2})$$

$$= 12.65 \times 1000 \times 144 \times \left(700 - \frac{144}{2}\right) + 0.9 \times 280 \times 679 \times (700 - 40)$$

$$- 280 \times 5890.8 \times (100 + 44 - 50) = 1101.85(\text{kN} \cdot \text{m}) > \gamma_0 M_d = 900.2(\text{kN} \cdot \text{m})$$

符合承载力要求。

3.4.3 粘贴钢板加固法简介

粘贴钢板加固法是一种采用环氧树脂或建筑结构胶，将钢板直接粘贴在被加固的钢筋混凝土结构的受拉区或抗剪薄弱部位，使之与被加固结构物形成整体，共同受力，以提高结构刚度，改善其受力状态，限制裂缝开展，提高结构承载力的加固方法。

采用粘贴钢板对钢筋混凝土受弯构件进行抗弯加固时，除应遵守《公路钢筋混凝土及预应力混凝土桥涵设计规范》（JTG 3362—2018）5.1.3 条正截面承载力计算的基本假定外，尚应符合下列规定。

（1）构件达到受弯承载能力极限状态时，应按平截面假定确定钢板的拉应变 ε_{sp}，钢板应力 σ_{sp} 等于拉应变 ε_{sp} 与弹性模量 E_{sp} 的乘积，且小于钢板抗拉强度设计值。

（2）在达到受弯承载能力极限状态前，必须采取可靠的锚固措施，避免钢板与混凝土之间发生的黏结剥离破坏。

在矩形截面或翼缘位于受拉边的 T 形截面钢筋混凝土受弯构件的受拉面粘贴钢板进行加固时，其正截面承载力按式（3.14）计算，如图 3.15 所示。

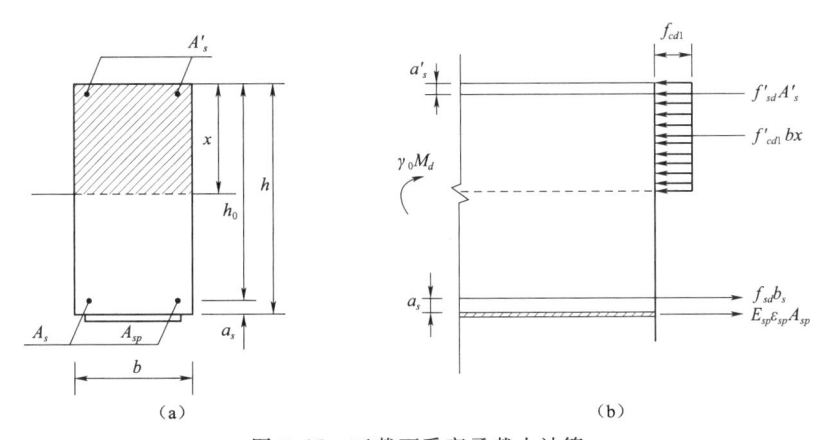

图 3.15 正截面受弯承载力计算

$$\gamma_0 M_d \leqslant f_{cd1}bx\left(h_0-\frac{x}{2}\right)+f'_{sd}A'_s(h_0-a'_s)+E_{sp}\varepsilon_{sp}A_{sp}a_s \tag{3.14}$$

混凝土受压区高度应按式（3.15）确定：

$$f_{cd1}bx = f_{sd}A_s + E_{sp}\varepsilon_{sp}A_{sp} - f'_{sd}A'_s \tag{3.15}$$

混凝土受压区高度应符合下列条件：

$$2a'_s \leqslant x \leqslant \xi_b h_0 \tag{3.16}$$

式中 γ_0——桥梁结构的重要性系数，按照现行《公路钢筋混凝土及预应力混凝土桥涵设计规范》（JTG 3362—2018）规定采用；

M_d——第二阶段弯矩组合设计值；

f_{cd1}——原构件混凝土抗压强度设计值；

x——等效矩形应力图形的混凝土受压区高度，简称混凝土受压区高度；

h_0——原构件截面有效高度，$h_0 = h - a_s$；

b、h——原构件截面宽度和高度；

f_{sd}、f'_{sd}——原构件纵向普通钢筋的抗拉强度设计值和抗压强度设计值；

E_{sp}——加固钢板的弹性模量；

A_s、A'_s——原构件受拉区和受压区纵向普通钢筋的截面面积；

a_s、a'_s——受拉区、受压区普通的钢筋合力点至受拉区边缘、受压区边缘的距离；

ξ_b——相对界限受压区高度，按原构件混凝土和受拉钢筋强度级别，按照《公路钢筋混凝土及预应力混凝土桥涵设计规范》（JTG 3362—2018）表5.2.1规定选用。

当 $x < 2a'_s$ 时，正截面抗弯承载力按式（3.17）计算：

$$\gamma_0 M_d \leqslant f_{sd}A_s(h_0-a_s)+E_{sp}\varepsilon_{sp}A_{sp}(h-a_s) \tag{3.17}$$

式中各符号意义见式（3.14）~式（3.16）。

加固钢板拉应变 ε_{sp}。

$$\varepsilon_{sp} = \frac{\varepsilon_{cu}(\beta h - x)}{x} - \frac{\varepsilon_{c1}(h-x_1)}{x_1} \tag{3.18}$$

$$\varepsilon_{c1} = \frac{M_{d1}x_1}{E_c I_{cr}} \tag{3.19}$$

式中 M_{d1}——第一阶段弯矩组合设计值；

x——等效矩形应力图形的混凝土受压区高度，简称混凝土受压区高度；

x_1——加固前原构件开裂截面换算截面的混凝土受压区高度；

β——截面受压区矩形应力图高度与实际受压区高度的比值，当混凝土强度等级为C50及以下时，取 $\beta = 0.8$；

E_c——原加固构件混凝土的弹性模量；

ε_{cu}——混凝土极限压应变，当混凝土强度等级为C50及以下时，取 $\varepsilon_{cu} = 0.0033$；

I_{cr}——加固前原构件开裂截面换算截面的惯性矩；

ε_{c1}——在 M_{d1} 作用下，原构件截面受压边缘混凝土压应变。

其他符号意义同式（3.14）~式（3.16）。

(3) 对翼缘位于受压区的 T 形截面受弯构件的受拉面粘贴钢板进行受弯加固时,可参照增大截面加固法第 2 条 (2) 的方法计算。

(4) 对受弯构件正弯矩区的正截面加固,受拉钢板的截断位置距其充分利用截面的距离应不小于按式 (3.20) 确定的粘贴延伸长度。

$$l_p = \frac{f_{sp} A_{sp}}{\tau_p b_p} + 300 \qquad (3.20)$$

式中 l_p——受拉钢板粘贴延伸长度,mm;

b_p——对梁为受拉面粘贴钢板的总宽度,mm,对板为 1m 板宽范围内粘贴钢板的总宽度,mm;

f_{sp}——加固钢板的抗拉强度设计值;

A_{sp}——加固钢板的截面面积;

τ_p——钢板与混凝土之间的黏结强度设计值,MPa,设计可参照表 3.8 的设计值采用。

表 3.8　　　　　　钢板与混凝土之间的黏结强度设计值　　　　　单位:MPa

混凝土强度等级	C15	C20	C25	C30	C35	C40	C45	C50	≥C60
黏结强度设计值 τ_p	0.61	0.80	0.94	1.05	1.14	1.21	1.26	1.31	1.35

3.4.4　粘贴钢板加固法计算实例

设计拟采用在空心板底粘贴钢板的方法进行加固,钢板材料选用 Q345B,$f_{sp}=310$MPa,弹性模量 $E_{sv}=2.1\times 10^5$MPa,钢筋与混凝土弹性模量之比 $\alpha_{ES}=E_s/E_c=6.85$。

(1) 加固前原构件开裂截面的混凝土受压区高度 x_1 (按换算截面计算和惯性矩):

$$A_1 = [\alpha_{E_s} A_s + (b'_f - b) h'_f] / b$$

$$= [6.85 \times 5890.8 + (1000 - 506) \times 114] / 506 = 191.04 \text{(mm)}$$

$$B_1 = [2\alpha_{E_s} A_s h_0 + (b'_f - b) h'^2_f] / b$$

$$= [2 \times 6.85 \times 5890.8 \times 506 + (1000 - 506) \times 114^2] / 506 = 93391.75 \text{(mm}^2\text{)}$$

则

$$x_1 = \sqrt{A_1^2 + B_1} - A_1 = \sqrt{191.04^2 + 93391.75} - 191.04 = 169.4 \text{(mm)}$$

计算开裂截面惯性矩:

$$I_{cr} = \frac{b'_f x_1^3}{3} - \frac{(b'_f - b)(x_1 - h'_f)^3}{3} + \alpha_{E_s} A_s (h_0 - x_1)^2$$

$$= \frac{1000 \times 169.4^3}{3} - \frac{(1000 - 506) \times (169.4 - 114)^3}{3} + 6.85 \times 5890.8 \times (506 - 169.4)^2$$

$$= 6.847 \times 10^9 \text{(mm}^4\text{)}$$

(2) 粘贴钢板应力。第一阶段跨中弯矩值为 $M_{d1}=1.2\times 247.3=296.8$(kN·m)。在 M_{d1} 作用下,原构件截面受压边缘混凝土压应变为

$$\varepsilon_{c1} = \frac{M_{d1}x_1}{I_{cr}E_c} = \frac{296.8 \times 10^6 \times 169.4}{6.847 \times 10^9 \times 2.92 \times 10^4} = 2.51 \times 10^{-4}$$

第二阶段跨中弯矩值：$M_{d2} = M_j = 781.1 \text{kN} \cdot \text{m}$。

$$\gamma_0 M_{d2} = \{f_{cd}[bx(h-x/2) + (b'_f - b)h'_f(h - h'_f/2)]\xi_c - f_{sd}A_s a_s \xi_s\} z_2 (1-\xi_e)$$

代入数据，即：

$1.0 \times 781.1 \times 10^6 = \{12.88 \times [506 \times (506 - x/2) + (1000-506) \times 114 \times (506 - 114/2)]$
$\quad \times 0.98 - 280 \times 5890.8 \times 44 \times 0.98\} \times 1.06 \times (1-0.0564)$

则混凝土受压区高度 $x = 168.7 \text{mm}$。

加固钢板应变

$$\varepsilon_{sp} = \frac{\varepsilon_{cu}(\beta h - x)}{x} - \frac{\varepsilon_{c1}(h - x_1)}{x_1}$$

$$= \frac{0.0033 \times (0.8 \times 550 - 168.7)}{168.7} - \frac{2.51 \times 10^{-4} \times (550 - 169.4)}{169.4} = 0.00474$$

加固钢板应力

$$\sigma_{sp} = E_{sp}\varepsilon_{sp} = 2.06 \times 10^5 \times 0.00474 = 976.44 (\text{MPa}) > 310 \text{MPa}$$

钢板达到屈服，应力取 $\sigma_{sp} = f_{sp} = 310 \text{MPa}$。

(3) 计算所需钢板截面积。

$$A_{sp} = \frac{f_{cd}bx + f_{cd}(b'_f - b)h'_f - f_{sd}A_s}{f_{sp}}$$

$$= \frac{12.88 \times 506 \times 207.0 + 12.88 \times (1000 - 506) \times 114 - 280 \times 5890.8}{310} = 1371 (\text{mm}^2)$$

加固方法为在空心板底面粘贴两条宽 200mm、厚 5mm 的钢板，钢板的截面积为 $A_{sp} = 2 \times 200 \times 5 = 2000 \text{mm}^2$。

(4) 加固后空心板跨中截面承载力复核。

$$\varepsilon_{sp} = \frac{\varepsilon_{cu}(\beta h - x)}{x} - \frac{\varepsilon_{c1}(h - x_1)}{x_1}$$

$$= \frac{0.0033 \times (0.8 \times 550 - x)}{x} - \frac{2.51 \times 10^{-4} \times (550 - 169.4)}{169.4}$$

$$f_{cd}bx + f_{cd}(b'_f - b)h'_f = f_{sd}A_s + E_{sp}\varepsilon_{sp}A_{sp}$$

代入数据得

$12.88 \times 506x + 12.88 \times (1000 - 506) \times 114 = 280 \times 5890.8 + 2.1 \times 10^5 \times 2000 \times \varepsilon_{sp}$

解得

$$x = 257 \text{mm} \quad \varepsilon_b h_0 = 283.36$$
$$x \leqslant \varepsilon_b h_0$$
$$\varepsilon_{sp} = 1.79 \times 10^{-3}$$

则 $E_{sp}\varepsilon_{sp} = 210000 \times 0.000179 = 375.9 (\text{MPa}) > (f_{sp} = 310 \text{MPa})$，取 $\sigma_{sp} = 310 \text{MPa}$。

混凝土受压区高度为

$$x = \frac{f_{sd}A_s + f_{sp}A_{sp} - f_{cd}(b'_f - b)h'_f}{f_{cd}b}$$
$$= \frac{280 \times 5890.8 + 310 \times 2000 - 12.88 \times (1000-506) \times 114}{12.88 \times 506} = 236.9(\text{mm})$$

满足：$(h'_f = 114\text{mm}) < (x = 236.9\text{mm}) < [\xi_b h_0 = 0.56 \times 506 = 283.4(\text{mm})]$。

跨中截面抗弯承载力

$$M_u = f_{cd}[bx(h_0 - x/2) + (b'_f - b)h'_f(h_0 - h'_f/2)] + f_{sp}A_{sp}a_s$$
$$= 12.88 \times [506 \times 236.9 \times (506 - 236.9/2) + (1000-506) \times 114 \times (506 - 114/2)]$$
$$+ 2000 \times 310 \times 44 = 951.32(\text{kN} \cdot \text{m})$$

（5）粘贴钢板长度计算。根据计算结果可知，在跨中左右相距 2.205m 范围内截面抗弯能力不足，故距离跨中 2.205m 处为粘贴钢板起始点。

已知钢板与混凝土之间的黏结强度设计值 $\tau_p = 1.006\text{MPa}$，则受拉钢板粘贴延伸长度[10]：

$$l_p = \frac{f_{sp}A_{sp}}{\tau_p b_p} + 300 = \frac{310 \times 2000}{1.006 \times 400} + 300 = 1841(\text{mm})$$

所需粘贴钢板总长度：$l = 2 \times (2.205 + 1.841) = 8.092(\text{m})$。

单块空心板按 10m 进行粘贴，则单块空心板加固用钢量为

$$0.4 \times 0.005 \times 10 \times 7850 = 157(\text{kg})$$

全桥共计空心板 112 块，总用钢量为 17.6t。

3.4.5 粘贴纤维复合材料加固法简介

粘贴高强纤维复合材料加固法是一种采用环氧树脂胶（或其他建筑结构胶）将高强纤维布（或板）直接黏结在被加固混凝土结构薄弱部分，与被加固结构形成整体，共同受力，以限制裂缝发展，提高结构承载力的加固方法。对钢筋混凝土受弯构件进行抗弯加固时，除应遵守现行《公路钢筋混凝土及预应力混凝土桥涵设计规范》（JTG 3362—2018）相关假定外，尚应遵守下列规定：

（1）受弯构件的作用荷载效应应按两个阶段受力进行计算：

1）第一阶段为加固前，作用（或荷载）应包括原构件自重在内的实际恒载及施工荷载。

2）第二阶段为加固后，作用（或荷载）应考虑包括构件自重在内的恒载、二期作用的恒载及使用阶段的可变作用。作用效应组合系数取值：恒载的荷载效应分项系数取 1.2，使用阶段的可变作用效应分项系数按现行《公路桥涵设计通用规范》（JTG D60—2015）取用。

（2）达到受弯承载能力极限状态时，应按平截面假定确定纤维复合材料的拉应变 ε_f，且纤维复合材料的拉应变 ε_f 不应超过纤维复合材料的允许拉应变 $[\varepsilon_f]$。

纤维复合材料应力 σ_f 取拉应变 ε_f 与弹性模量 E_f 的乘积，即 $\sigma_f = E_f \varepsilon_f$。

（3）构件达到正截面承载能力极限状态时，纤维复合材料与混凝土之间不应发生黏结剥离破坏。

对矩形截面或翼板位于受拉边的钢筋混凝土 T 形截面受弯构件，在受拉面粘贴加固

时，正截面承载力应按式（3.21）~式（3.27）计算，如图 3.16 所示。

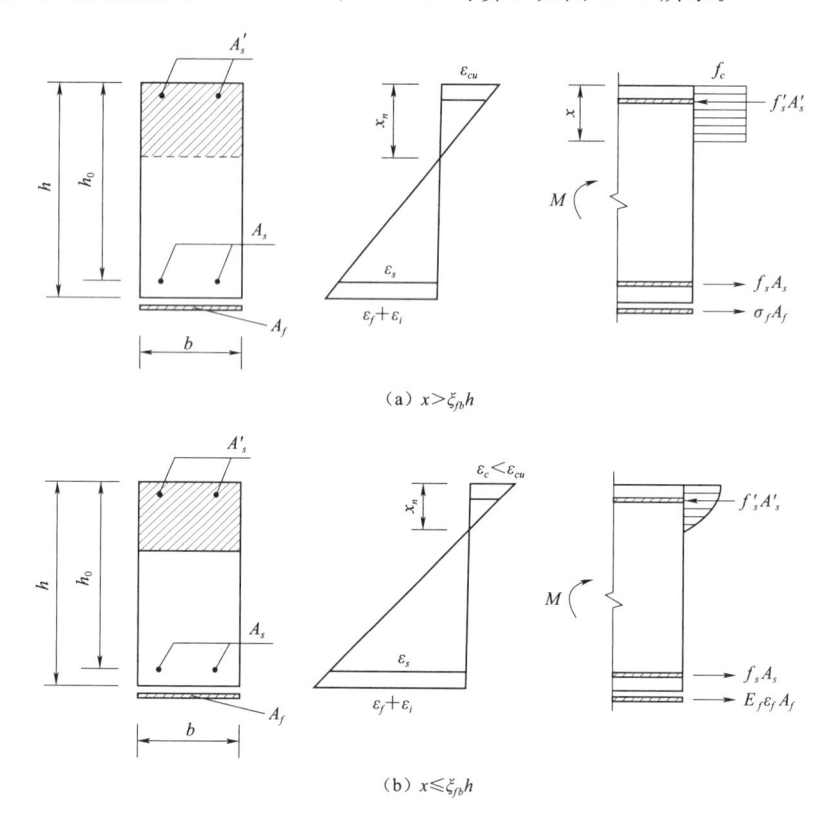

（a）$x > \xi_{fb}h$

（b）$x \leq \xi_{fb}h$

图 3.16 粘贴纤维复合材料的矩形截面正截面受弯承载力计算

1) 当混凝土受压区高度 $x > \xi_{fb}h$，且小于 $\xi_{fb}h_0$ 时

$$\gamma_0 M_d \leq f_{cd}bx\left(h_0 - \frac{x}{2}\right) + f'_{sd}A'_s(h_0 - a'_s) + E_f\varepsilon_f A_f a_s \tag{3.21}$$

混凝土受压区高度 x 和受拉面纤维复合材料拉应变 ε_f 按式（3.22）和式（3.23）联立求解：

$$f'_{sd}A'_s + f_{cd}bx = f_{sd}A_s + E_f\varepsilon_f A_f \tag{3.22}$$

$$(\varepsilon_{cu} + \varepsilon_f \varepsilon_1)x = 0.8\varepsilon_{cu}h \tag{3.23}$$

2) 当混凝土受压区高度 $x \leq \xi_{fb}h$ 时

$$\gamma_0 M_d \leq f_{sd}A_s(h_0 - 0.5\xi_{fb}h) + E_f\varepsilon_f A_f h(1 - 0.5\xi_{fb}) \tag{3.24}$$

3) 当混凝土受压区高度 $x < 2a'_s$ 时

$$\gamma_0 M_d \leq f_{sd}A_s(h_0 - a'_s) + E_f\varepsilon_f A_f(h - a'_s) \tag{3.25}$$

式中 A_f——受拉面粘贴的纤维复合材料的截面面积；

f_{cd}——原构件混凝土抗压强度设计值，可根据现场检测强度推算值按照《公路钢筋混凝土及预应力混凝土桥涵设计规范》（JTG 3362—2018）确定；

E_f——纤维复合材料的弹性模量；

x_n——混凝土实际受压区高度，见图 3.16；

ε_f——纤维复合材料的拉应变;

ξ_{fb}——纤维复合材料达到其允许拉应变与混凝土压坏同时发生时的界限相对受压区高度，$\xi_{fb}=\dfrac{0.8\varepsilon_{cu}}{\varepsilon_{cu}+[\varepsilon_f]+\varepsilon_1}$；

ε_1——考虑二次受力影响时，加固前构件在初始弯矩作用下，截面受拉边缘混凝土的初始应变，按式（3.27）计算；当不考虑二次受力时，取0；

$[\varepsilon_f]$——纤维复合材料的允许拉应变，取$[\varepsilon_f]=k_m\varepsilon_{fu}$，且不应大于纤维复合材料极限拉应变的2/3和0.007两者中的较小值，ε_{fu}为纤维复合材料的极限拉应变；

k_m——纤维复合材料强度折减因子，取k_{m1}与k_{m2}中的较小值，k_{m1}按式（3.26）计算，k_{m2}的取值见表3.9。

$$k_{m1}=\begin{cases}1-\dfrac{n_f E_f t_f}{428000} & (n_f E_f t_f \leqslant 214000) \\ \dfrac{107000}{n_f E_f t_f} & (n_f E_f t_f > 214000)\end{cases} \quad (3.26)$$

式中 n_f——纤维复合材料的层数；

t_f——每层纤维复合材料的层数。

其中，当$k_m>0.9$时，取$k_m=0.9$。

表3.9 　　　　　　　　　纤维复合材料环境影响折减系数 k_{m2}

环境分级	片材类型	折减系数 k_{m2}
Ⅰ类	碳纤维	0.85
	芳纶纤维	0.75
	玻璃纤维	0.65
Ⅱ、Ⅲ、Ⅳ类	碳纤维	0.85
	芳纶纤维	0.70
	玻璃纤维	0.50

4）加固前在第一阶段弯矩 M_{d1} 作用下，截面受拉边缘混凝土的初始应变 ε_1（纤维复合材料的滞后应变）按下列公式计算：

$$\varepsilon_{c1}=\dfrac{M_{d1}x_1}{E_c I_{cr}} \quad (3.27)$$

当弯矩 M_{kl} 小于未加固截面受弯承载力的20%时，可忽略二次受力的影响。

对翼缘位于受压区的T形截面受弯构件，当在其受拉面粘贴纤维复合材料时，应按本节（2）和《公路钢筋混凝土及预应力混凝土桥涵设计规范》（JTG 3362—2018）第5.2.3条计算。

计算正截面受弯承载力时，尚应满足下列要求：

1）受压区高度 x 不宜大于 $0.8\xi_b h_0$，其中界限相对受压区高度 ξ_b 按现行《公路钢筋混凝土及预应力混凝土桥涵设计规范》（JTG 3362—2018）的规定确定。

2) 加固后在荷载效应基本组合下受拉钢筋的拉应力不应超过其抗拉强度设计值。

3.4.6 粘贴纤维复合材料计算实例

1. 粘贴碳纤维板加固

设计拟采用在空心板底部粘贴碳纤维板材的方法进行加固，碳纤维板材选用厚度 $t_f=1.2\text{mm}$，弹性模量 $E_f=1.6\times10^5\text{MPa}$，抗拉强度标准值 $f_{ftk}=2400\text{MPa}$。

钢筋与混凝土弹性模量之比 $\alpha_{E_s}=E_s/E_c=6.85$。

（1）加固前原构件开裂截面的混凝土受压区高度 x_1（按换算截面计算）。

$$A_1=[\alpha_{E_s}A_s+(b'_f-b)h'_f]/b$$
$$=[6.85\times5890.8+(1000-506)\times114]/506=191.04(\text{mm})$$
$$B_1=[2\alpha_{E_s}A_sh_0+(b'_f-b)h'^2_f]/b$$
$$=[2\times6.85\times5890.8\times506+(1000-506)\times114^2]/506=93391.75(\text{mm}^2)$$

则

$$x_1=\sqrt{A_1^2+B_1}-A_1=\sqrt{191.04^2+93391.75}-191.04=169.4(\text{mm})$$

开裂截面惯性矩

$$I_{cr}=\frac{b'_fx_1^3}{3}-\frac{(b'_f-b)(x_1-h'_f)^3}{3}+\alpha_{E_s}A_s(h_0-x_1)^2$$
$$=\frac{1000\times169.4^3}{3}-\frac{(1000-506)\times(169.4-114)^3}{3}+6.85\times5890.8\times(506-169.4)^2$$
$$=6.847\times10^9(\text{mm}^4)$$

（2）粘贴碳纤维板应变。

第一阶段跨中弯矩值：$M_{d1}=1.2\times247.3=296.8$ (kN·m)。

在 M_{d1} 作用下，原构件截面受压边缘混凝土压应变为

$$\varepsilon_{c1}=\frac{M_{d1}x_1}{I_{cr}E_c}=\frac{296.8\times10^6\times169.4}{6.847\times10^9\times2.92\times10^{-4}}=2.51\times10^{-4}$$

假设粘贴一层Ⅰ碳纤维板材，选用厚度 $t_f=1.2\text{mm}$，弹性模量 $E_f=1.6\times10^5\text{MPa}$，抗拉强度标准值 $f_{ftk}=2400\text{MPa}$。

$$n_fE_ft_f=1\times160000\times1.2=1.92\times10^5(\text{N/mm})$$

由于

$$n_fE_ft_f\leqslant2.14\times10^5$$

故

$$K_{m1}=1-\frac{n_fE_ft_f}{428000}=1-\frac{192000}{428000}=0.551$$

由《公路桥梁加固设计规范》（JTG/T J 22—2008）表 7.6.2 可知，Ⅰ类环境条件下碳纤维 $K_{m2}=0.85$。

纤维带强度折减因子 $K_m=(K_{m1},K_{m2})_{\min}$，取 $K_m=0.551$。

纤维带的极限拉应变：

$$\varepsilon_{fu}=\frac{f_{ftk}}{E_f}=\frac{3400}{240000}=0.0142$$

$$[\varepsilon_f] = K_m \varepsilon_{fu} = 0.551 \times 0.015 = 0.00827 > \left(\frac{2}{3}\varepsilon_{fu} = 0.01, 0.007\right)_{\min} = 0.007$$

所以取 $[\varepsilon_f] = 0.007$。

$$\xi_{fb} = \frac{0.8\varepsilon_{cu}}{\varepsilon_{cu} + [\varepsilon_f] + \varepsilon_1} = \frac{0.8 \times 0.0033}{0.0033 + 0.007 + 0.000251} = 0.250$$

现假设 $x > h'_f = 114\text{mm}$ 且 $x > \xi_{fb} h = 0.250 \times 550 = 137.5$ （mm）所以对碳纤维板求矩有：

$$\gamma_0 M_{d2} = \{f_{cd}[bx(h_0 - x/2) + (b'_f - b)h'_f(h_0 - h'_f/2)]\xi_c - f_{sd} A_s a_s \xi_s\} Z_2 (1 - \xi_e)$$

其中第二阶段跨中弯矩值 $M_{d2} = M_j = 781.1\text{kN·m}$，将数据代入下式：

$1.0 \times 781.1 \times 10^6 = \{12.88 \times [506x(506 - x/2) + (1000 - 506) \times 114 \times (506 - 114/2)]$
$\times 0.98 - 280 \times 5890.8 \times 44 \times 0.98\} \times 1.06 \times (1 - 0.0564)$

则混凝土受压区高度：$x = 168.7\text{mm} > \xi_{fb} h = 137.5\text{mm}$

加固碳纤维板应变：

$$\varepsilon_f = \frac{0.8\varepsilon_{cu} h}{x} - \varepsilon_1 - \varepsilon_{cu}$$

$$= \frac{0.8 \times 0.0033 \times 550}{168.7} - 0.000251 - 0.0033 = 0.005076$$

（3）计算所需碳纤维板截面积。

$$A_f = \frac{f_{cd} bx + f_{cd}(b'_f - b)h'_f - f_{sd} A_s}{E_f \varepsilon_f}$$

$$= \frac{12.88 \times 506 \times 168.7 + 12.88 \times (1000 - 506) \times 114 - 280 \times 5890.8}{160000 \times 0.005076} = 212.75 (\text{mm}^2)$$

取 $A_f = 240\text{mm}^2$，故 $B_f = A_f / t_f = 240/1.2 = 200\text{mm}$。

加固方法为在空心板底面粘贴一条宽200mm、厚1.2mm 的碳纤维板，碳纤维板的截面积为 $1 \times 200 \times 1.2 = 240(\text{mm}^2)$。

（4）加固后空心板跨中截面承载力复核。现假设混凝土受压区高度 $x > h'_f = 114\text{mm}$ 且 $x > \xi_{fb} h = 0.250 \times 550 = 137.5(\text{mm})$。

则按下式计算混凝土受压区高度 x：

$$f_{cd} bx + f_{cd}(b'_f - b)h'_f = f_{sd} A_s + E_f \varepsilon_f A_f$$
$$(\varepsilon_{cu} + \varepsilon_f + \varepsilon_1)x = 0.8\varepsilon_{cu} h$$

代入数据得

$12.88 \times 506x + 12.88 \times (1000 - 506) \times 114 = 280 \times 5890.8 + 1.6 \times 10^5 \times 240 \times \varepsilon_f$
$(0.0033 + \varepsilon_f + 0.000251)x = 0.8 \times 0.0033 \times 550$

整理得

$$x^2 - 121.1x - 8556.28 = 0$$

解得

$$x = 171.1\text{mm} \leqslant \varepsilon_b h_0 = 283.36\text{mm} 且 x > \xi_{fb} = 137.5\text{mm}$$

由于

$$\varepsilon_f = 0.00493 < [\varepsilon_f] = 0.007，取 \varepsilon_f = 0.00493$$

跨中截面抗弯承载力为

$$M_u = f_{cd}bx\left(h_0 - \frac{x}{2}\right) + f_{cd}(b'_f - b)h'_f\left(h_0 - \frac{h'_f}{2}\right) + E_f\varepsilon_f A_f a_s$$

$$= 12.88 \times 506 \times 171.1 \times \left(506 - \frac{171.1}{2}\right) + 12.88 \times (1000 - 506) \times 114 \times \left(506 - \frac{114}{2}\right)$$

$$+ 160000 \times 0.00493 \times 240 \times 44 = 802.86 (\text{kN} \cdot \text{m})$$

截面承载力为：$M_u = 802.86 \text{kN} \cdot \text{m} > \gamma_0 M_d = 781.1 \text{kN} \cdot \text{m}$，符合要求。

故在空心板底面粘贴一层宽 200mm、厚 1.2mm、横截面积为 240mm² 的碳纤维板符合要求。

2. 粘贴碳纤维布加固

本设计拟采用在空心板底部粘贴碳纤维布材的方法进行加固，碳纤维布材选用厚度 $t_f = 0.167 \text{mm}$，弹性模量 $E_f = 2.4 \times 10^5 \text{MPa}$，抗拉强度标准值 $f_{ftk} = 3400 \text{MPa}$。

钢筋与混凝土弹性模量之比：$\alpha_{E_s} = E_s/E_c = 6.85$。

（1）加固前原构件开裂截面的混凝土受压区高度 x_1（按换算截面计算）。

$$A_1 = [\alpha_{E_s}A_s + (b'_f - b)h'_f]/b$$

$$= [6.85 \times 5890.8 + (1000 - 506) \times 114]/506 = 191.04 (\text{mm})$$

$$B_1 = [2\alpha_{E_s}A_s h_0 + (b'_f - b)h'^2_f]/b$$

$$= [2 \times 6.85 \times 5890.8 \times 506 + (1000 - 506) \times 114^2]/506 = 93391.75 (\text{mm}^2)$$

则：$x_1 = \sqrt{A_1^2 + B_1} - A_1 = \sqrt{191.04^2 + 93391.75} - 191.04 = 169.4 (\text{mm})$

开裂截面惯性矩为

$$I_{cr} = \frac{b'_f x_1^3}{3} - \frac{(b'_f - b)(x_1 - h'_f)^3}{3} + \alpha_{E_s}A_s(h_0 - x_1)^2$$

$$= \frac{1000 \times 169.4^3}{3} - \frac{(1000 - 506) \times (169.4 - 114)^3}{3} + 6.85 \times 5890.8 \times (506 - 169.4)^2$$

$$= 6.847 \times 10^9 (\text{mm}^4)$$

（2）粘贴碳纤维布截面积估算。

第一阶段跨中弯矩值：$M_{d1} = 1.2 \times 247.3 = 296.8$ （kN·m）。

在 M_{d1} 作用下，原构件截面受压边缘混凝土压应变为

$$\varepsilon_{c1} = \frac{M_{d1} x_1}{I_{cr} E_c} = \frac{296.8 \times 10^6 \times 169.4}{6.847 \times 10^9 \times 2.92 \times 10^{-4}} = 2.51 \times 10^{-4}$$

假设粘贴一层Ⅰ碳纤维布材，选用厚度 $t_f = 0.167 \text{mm}$。

弹性模量 $E_f = 2.4 \times 10^5 \text{MPa}$，抗拉强度标准值 $f_{ftk} = 3400 \text{MPa}$。

$$n_f E_f t_f = 1 \times 240000 \times 0.167 = 40080 (\text{N/mm}) \leqslant 2.14 \times 10^5 \text{N/mm}$$

故

$$K_{m1} = 1 - \frac{n_f E_f t_f}{428000} = 1 - \frac{40080}{428000} = 0.906$$

由《公路桥梁加固设计规范》（JTG/T J 22—2008）表 7.6.2 可知，Ⅰ类环境条件下碳纤维 $K_{m2} = 0.85$。

3.4 加固设计方案比选

纤维带强度折减因子 $K_m = (K_{m1}, K_{m2})_{\min}$，取 $K_m = 0.85$。
纤维带的极限拉应变：

$$\varepsilon_{fu} = \frac{f_{ftk}}{E_f} = \frac{3400}{240000} = 0.0142$$

$$[\varepsilon_f] = K_m \varepsilon_{fu} = 0.551 \times 0.015 = 0.00827 > \left(\frac{2}{3}\varepsilon_{fu} = 0.01, 0.007\right)_{\min} = 0.007$$

取 $[\varepsilon_f] = 0.007$

$$\xi_{fb} = \frac{0.8\varepsilon_{cu}}{\varepsilon_{cu} + [\varepsilon_f] + \varepsilon_1} = \frac{0.8 \times 0.0033}{0.0033 + 0.007 + 0.000251} = 0.250$$

现假设 $x > h'_f = 114\text{mm}$ 且 $x > \xi_{fb}h = 0.250 \times 550 = 137.5(\text{mm})$
所以对碳纤维布求矩有：

$$\gamma_0 M_{d2} = \{f_{cd}[bx(h_0 - x/2) + (b'_f - b)h'_f(h_0 - h'_f/2)]\xi_c - f_{sd}A_s a_s \xi_s\}Z_2(1 - \xi_e)$$

其中第二阶段跨中弯矩值 $M_{d2} = M_j = 781.1(\text{kN} \cdot \text{m})$，将数据代入。
则混凝土受压区高度：$x = 168.7\text{mm} > \xi_{fb}h = 137.5\text{mm}$
加固碳纤维布应变：

$$\varepsilon_f = \frac{0.8\varepsilon_{cu}h}{x} - \varepsilon_1 - \varepsilon_{cu}$$

$$= \frac{0.8 \times 0.0033 \times 550}{168.7} - 0.000251 - 0.0033 = 0.005076$$

（3）计算所需碳纤维布截面积。

$$A_f = \frac{f_{cd}bx + f_{cd}(b'_f - b)h'_f - f_{sd}A_s}{E_f \varepsilon_f}$$

$$= \frac{12.88 \times 506 \times 168.7 + 12.88 \times (1000 - 506) \times 114 - 280 \times 5890.8}{240000 \times 0.005076} = 141.83(\text{mm}^2)$$

取 $A_f = 150.3\text{mm}^2$，故 $B_f = A_f / t_f = 150.3 / 0.167 = 900\text{mm}$。

加固方法为在空心板底面粘贴一条宽 900mm，厚 0.167mm 的碳纤维布，碳纤维布的截面积为 $A_{sp} = 1 \times 900 \times 0.167 = 150.3 (\text{mm}^2)$。

（4）加固后空心板跨中截面承载力复核。
现假设混凝土受压区高度 $x > h'_f = 114\text{mm}$ 且 $x > \xi_{fb}h = 0.250 \times 550 = 137.5(\text{mm})$
则按下式计算混凝土受压区高度 x

$$f_{cd}bx + f_{cd}(b'_f - b)h'_f = f_{sd}A_s + E_f \varepsilon_f A_f$$

$$(\varepsilon_{cu} + \varepsilon_f + \varepsilon_1)x = 0.8\varepsilon_{cu}h$$

代入数据得

$$12.88 \times 506x + 12.88 \times (1000 - 506) \times 114 = 280 \times 5890.8 + 2.4 \times 10^5 \times 150.3 \times \varepsilon_f$$
$$(0.0033 + \varepsilon_f + 0.000251)x = 0.8 \times 0.0033 \times 550$$

整理得

$$x^2 - 122x - 8035.42 = 0$$

解得

$$x = 169.4\text{mm} \leqslant \varepsilon_b h_0 = 283.36\text{mm} \text{ 且 } x > \xi_{fb} = 137.5\text{mm}$$

$\varepsilon_f = 0.00501 < [\varepsilon_f] = 0.007$，取 $\varepsilon_f = 0.00501$

跨中截面抗弯承载力为

$$M_u = f_{cd}bx\left(h_0 - \frac{x}{2}\right) + f_{cd}(b'_f - b)h'_f\left(h_0 - \frac{h'_f}{2}\right) + E_f\varepsilon_f A_f a_s$$

$$= 12.88 \times 506 \times 169.4 \times \left(506 - \frac{169.4}{2}\right) + 12.88 \times (1000 - 506) \times 114 \times \left(506 - \frac{114}{2}\right)$$

$$+ 240000 \times 0.00501 \times 150.3 \times 44 = 798.76(\text{kN} \cdot \text{m})$$

截面承载力为

$M_u = 798.76\text{kN} \cdot \text{m} > \gamma_0 M_d = 781.1\text{kN} \cdot \text{m}$，承载力符合要求。

在空心板底面粘贴一条宽900mm，厚0.167mm，横截面积为150.3mm² 的碳纤维布符合承载力要求。

3.4.7 体外预应力加固法简介

体外预应力（简称体外索）加固是一种通过增设外预应力索（包括钢绞线、高强钢丝束和精轧螺纹钢筋）对既有混凝土梁体主动施加外力，以改善原结构的受力状况的加固方法。

1. 持久状况承载能力极限状态计算

正截面抗弯承载力计算：

(1) 体外索加固梁的正截面抗弯承载力计算图式，如图3.17所示。

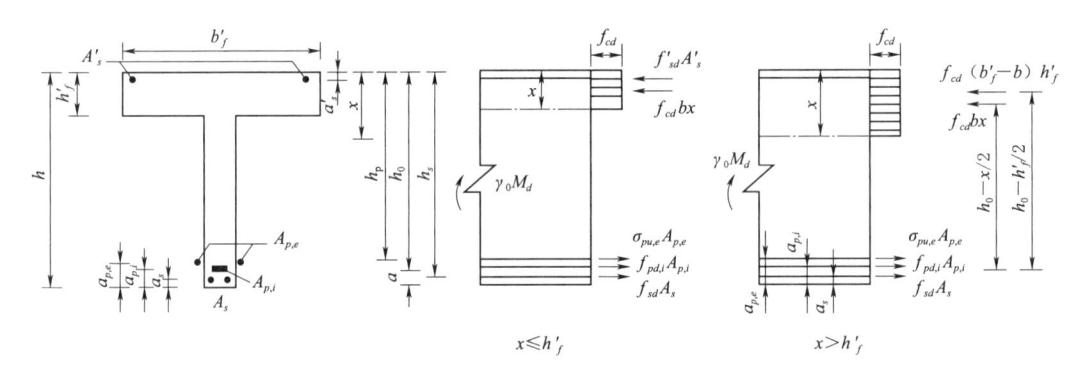

图3.17 矩形、T形截面梁正截面抗弯承载力计算图式

(2) 加固结构抗弯承载力计算时应根据截面形状和中性轴的位置分两种情况考虑。

1) 矩形截面或中性轴位于T形或I形截面翼板内（$x \leq h'_f$）：

$$f_{cd}b'_f x + f'_{sd}A'_s = \sigma_{pu,e}A_{p,e} + f_{pd,i}A_{p,i} + f_{sd}A_s \tag{3.28}$$

$$f_{pd,i}A_{p,i}\gamma_0 M_d \leq f_{cd}b'_f x\left(h_0 - \frac{x}{2}\right) \tag{3.29}$$

2) T形或I形截面且中性轴位于截面腹板内（$x > h'_f$）。

$$f_{cd}bx + f_{cd}(b'_f - b)h'_f + f'_{sd}A'_s = \sigma_{pu,e}A_{p,e} + f_{pd,i}A_{p,i} + f_{sd}A_s \tag{3.30}$$

$$\gamma_0 M_d \leq f_{cd}bx\left(h_0 - \frac{x}{2}\right) + f_{cd}(b'_f - b)h'_f\left(h_0 - \frac{h'_f}{2}\right) + f'_{sd}A'_s(h_0 - a'_s) \tag{3.31}$$

为确保加固后的混凝土梁仍为塑性破坏，上述公式中的截面受压区高度 x 应满足条件：$x \leqslant \varepsilon_b h_s$ 或 $x \leqslant \xi_b h_p$ 且 $x \geqslant 2a'_s$。

式中 γ_0——桥梁结构重要性系数；

M_d——计算截面弯矩组合设计值；

$A_{p,e}$——体外预应力水平钢筋（束）的截面面积；

$\sigma_{pu,e}$——当构件达到极限抗弯承载能力时，体外预应力水平钢筋（束）的极限应力计算值按式（3.32）计算；

$A_{p,i}$——原梁体内预应力筋的截面面积；

$f_{pd,i}$——原梁体内预应力筋的抗拉强度设计值；

A_s——原梁体内纵向受拉普通钢筋的截面积；

A'_s——原梁体内纵向受压普通钢筋的截面积；

f_{sd}——原梁体内纵向受拉普通钢筋的抗拉强度设计值；

f_{cd}——混凝土的抗压强度设计值；

b'_f——受压翼板的有效宽度，《公路钢筋混凝土及预应力混凝土桥涵设计规范》（JTG 3362—2018）第 4.3.3 条规定取用；

b——矩形截面宽度或 T 形截面的腹板宽度；

h'_f——受压翼板的厚度；

h_s、h_p——分别为原梁中普通钢筋和预应力钢筋的合力作用点至梁顶面的距离；

h_0——体（内）外预应力筋和原梁普通钢筋的合力点到梁顶面的距离；

a——受拉区体内（外）预应力筋（束）和普通钢筋的合力作用点至受拉区边缘的距离；

a'_s——受压区普通钢筋的合力作用点至受压区边缘的距离；

ξ_b——原钢筋混凝土梁或原预应力混凝土梁的相对界限受压区规定；可根据《公路桥梁加固设计规范》（JTG/T J22—2008）表 8.2.3 查取。

3）正截面抗弯承载力计算中，体外索的水平筋（束）极限应力 $\sigma_{pu,e}$ 按下式计算：

$$\sigma_{pu,e} = \sigma_{pe,e} + 0.03 E_{p,e} \frac{h_{p,e}-c}{\gamma_p l_e} \leqslant f_{pd,e} \quad (3.32)$$

式中 l_e——计算跨体外索的有效长度，$l_e = \dfrac{2l_i}{N_s+2}$，两端锚具间体外索的总长度为 l_i；对于简支梁加固体系，$l_e = l_i$；N_s 为构件失效时形成的塑性铰数目，对于简支梁 $N_s = 0$，对于连续梁 $N_s = n-1$；

γ_p——体外预应力钢材的安全系数，取 $\gamma_p = 0.22$；

$h_{p,e}$——体外预应力筋（束）合力点到截面顶面的距离；

$E_{p,e}$——体外预应力筋（束）的弹性模量；

c——截面中性轴到混凝土受压区顶面的距离。

对于 T 形截面

$$c = \frac{A_{p,e}\sigma_{pe,e} + A_s f_{sk} + A_p f_{pk} - A'_s f'_{sk} - 0.75 f_{cu,k} \beta (b'_f - b) h'_f}{0.75 f_{cu,k} b \beta}$$

对于矩形截面

$$c = \frac{A_{p,e}\sigma_{pe,e} + A_s f_{sk} + A_p f_{pk} - A'_s f'_{sk}}{0.75 f_{cu,k} b \beta}$$

β——混凝土受压区高度折减系数，取 $\beta=0.80$；当混凝土强度等级高于 C50 时，应按《公路钢筋混凝土及预应力混凝土桥涵设计规范》（JTG 3362—2018）表 5.1.4 折减；

$f_{cu,k}$——混凝土轴心抗压强度标准值；

$f_{pd,e}$——体外预应力筋（束）的抗拉强度设计值；

$\sigma_{pe,e}$——体外预应力筋（束）的永存预应力；

$A_{p,e}$——体外预应力筋（束）的截面面积。

其他符号意义见式（3.28）～式（3.31）。

2. 持久状况正常使用极限状态

正截面抗裂性验算：整体浇筑或整体预支构件在作用或（荷载）短期效应组合下正截面混凝土的抗裂性要求为

$$\sigma_{st} - 0.f90\sigma_{pc} \leqslant 0 \qquad (3.33)$$

分段浇筑或分段拼装的构件为

$$\sigma_{st} - 0.85\sigma_{pc} \leqslant 0 \qquad (3.34)$$

A 类预应力混凝土在作用或（荷载）短期效应组合下：

$$\sigma_{st} - \sigma_{pc} \leqslant 0.75 f_{tk} \qquad (3.35)$$

在作用或（荷载）长期效应组合下：

$$\sigma_{1t} - \sigma_{pc} \leqslant 0 \qquad (3.36)$$

式中 σ_{pc}——由体外（内）预应力筋（束）的永存预加力和水平筋（束）中可变作用频遇值或准永久作用产生的拉力增量 $\Delta N_{p,e}$ 在构件抗裂验算边缘产生的混凝土预压应力；

σ_{st}——由作用或（荷载）短期效应组合引起的截面抗裂验算边缘混凝土拉应力；

σ_{1t}——由作用或（荷载）长期效应组合引起的构件抗裂验算边缘混凝土拉应力。

上述各项拉应力的计算方法可参见《公路钢筋混凝土及预应力混凝土桥涵设计规范》（JTG 3362—2018）第 6.3.2 条，但计算中需考虑由可变作用（或荷载）频遇值或准永久值引起的体外预应力筋（束）的拉力增量和加固中新增附加恒载的影响。

3.4.8 体外预应力加固法计算实例

现对该桥进行体外预应力加固，将其设计成为全预应力混凝土结构，不考虑桥面与预制梁新、旧混凝土强度等级的差异。加固方法采用腹板内侧双折线布置体外预应力索加固，张拉锚固端设置在支承点上方梁顶及铺装层混凝土中，在 1/4 跨径处设置转向块作为转向装置，体外索采用多根无粘结钢绞线集束。

凿除原有铺装层，在预应力钢束锚固完成后铺设新的铺装层 6cm 防水混凝土层和 3cm 沥青混凝土层，并参与受力。体外索取 5Φ^{s}15.2 无粘结钢绞线集束，共两束。

每束截面面积 $5\times140=700\text{mm}^2$，总截面面积 $A_{pe}=2\times700=1400\text{mm}^2$，抗拉强度标

准值 $f_{ptk}=1860\text{MPa}$,张拉控制应力 $\sigma_{con}=0.55f_{ptk}=0.55\times 1860=1023\text{MPa}$,体外索重心至梁底距离 $a_{pe}=100\text{mm}$,截面高度为 $h=550+90=640(\text{mm})$,$h''_f=114+90=204(\text{mm})$,$h_0=h-a_s=640-44=596(\text{mm})$。

1. 体外无黏结预应力筋有效预应力计算

(1) 应力损失计算。该加固属于体外索加固钢筋混凝土构件,只计算体外索的应力损失,在 $l_0/4$ 跨设置转向块作为转向装置,则摩擦应力 σ_{l1} 为

$$\sigma_{l1}=\sigma_{con}[1-e^{-(kx+\mu\theta)}]$$

根据《公路桥梁加固设计规范》(JTG/T J22—2008),查表 8.2.4-1 有:

$k=0.004$,$\mu=0.09$,θ 为体外索的起弯角度。由于转向点至张拉端的水平距离为 $x=l_0/4=3.15\text{m}$,转向点至锚固点中心垂直高度为 0.45m,则起弯角度 $\theta=\arctan\dfrac{0.45}{3.15}=8.13°=0.1420(\text{rad})$。

体外索通过转向点处产生的摩擦应力损失:

$$\sigma_{l1}=1023\times[1-e^{-(0.004\times 3.15+0.09\times 0.1420)}]=25.6(\text{MPa})$$

锚具变形、预应力筋回缩引起的应力损失 σ_{l2},体外索张拉端起点至转向点的水平投影长度 $l_1=3.15\text{m}$,张拉端的处理是在梁顶上凿开混凝土埋设锚座并钻斜孔倾斜张拉的,按下列公式计算 σ_{l2}。

$$\mu\theta=0.09\times 0.1420=0.01278$$

体外索斜长段中应力近似直线变化的斜率:

$$i_1=\sigma_{con}k=1023\times 0.004=4.1(\text{MPa/m})$$

体外索水平段中应力近似直线变化的斜率:

$$\begin{aligned}i_2&=\sigma_{con}(1-kl_1)(1-\mu\theta)k\\&=1023\times(1-0.004\times 3.15)(1-0.09\times 0.142)\times 0.004=3.99(\text{MPa/m})\end{aligned}$$

$$\sigma_2=\sigma_{con}(1-kl_1)\mu\theta=1023\times(1-0.004\times 3.15)\times 0.09\times 0.142=12.91(\text{MPa})$$

张拉端锚具变形和钢筋回缩值取 $a=6\text{mm}$,钢绞线弹性模量为

$$E_p=1.95\times 10^5\text{MPa}$$

反向摩擦影响长度为

$$\begin{aligned}l_f&=\left(\dfrac{aE_p}{1000i_2}+l_1^2-\dfrac{i_1l_1^2+2\sigma_2l_1}{i_2}\right)^{\frac{1}{2}}\\&=\left(\dfrac{6\times 195000}{1000\times 3.99}+3.15^2-\dfrac{4.1\times 3.15^2+2\times 12.91\times 3.15}{3.99}\right)^{\frac{1}{2}}=16.51(\text{m})\end{aligned}$$

张拉端处 $x=0$:

$$\begin{aligned}\sigma_{l2}&=2i_1l_1+2\sigma_2+2i_2(l_f-l_1)\\&=2\times 4.1\times 3.15+2\times 12.91+2\times 3.99\times(16.51-3.15)=158.26(\text{MPa})\end{aligned}$$

转向点处 $x=l_1=3.15\text{m}$:

$$\sigma_{l2}=2\sigma_2+2i_2(l_f-l_1)=2\times 12.91+2\times 3.99\times(16.51-3.15)=132.43(\text{MPa})$$

钢筋松弛引起的预应力损失 σ_{l5}:

$$\sigma_{15}=0.125\left(\frac{\sigma_{con}}{f_{ptk}}-0.5\right)\sigma_{con}=0.125\times(0.55-0.5)\times1023=6.4(\text{MPa})$$

由于两根体外索基本同时张拉，不存在分批张拉应力损失 σ_{14}，也不计其他项预应力损失。

(2) 有效预应力及应力设计值计算。

1) 张拉端处各应力。

体外筋总预应力损失：$\sigma_l=\sigma_{l2}+\sigma_{l5}=158.26+6.4=164.66(\text{MPa})$

体外筋有效预应力：$\sigma_{pe}=\sigma_{con}-\sigma_l=1023-164.7=858.3(\text{MPa})$

体外筋的极限应力增量，简支梁取 110mm 则体外筋应力设计值：

$$\sigma_{pu}=\sigma_{pe}+110=968.3(\text{MPa})<(f_d=1260\text{MPa})$$

2) 张拉端处各应力。

体外筋总预应力损失：$\sigma_l=\sigma_{l1}+\sigma_{l2}+\sigma_{l5}=25.6+132.43+6.4=164.43(\text{MPa})$

体外筋有效预应力：$\sigma_{pe}=\sigma_{con}-\sigma_l=1023-164.4=858.6(\text{MPa})$

体外筋应力设计值：$\sigma_{pu}=\sigma_{pe}+110=858.6+110=968.6(\text{MPa})<f_{pd}=1260\text{MPa}$

因为张拉端与转向点的应力相差不大，为计算方便该倾斜段取平均值作为均匀的应力对待。

体外筋有效预应力：$\sigma_{pe}=(858.3+858.6)/2=858(\text{MPa})$

体外筋应力设计值：$\sigma_{pu}=\sigma_{pe}+110=858+110=968(\text{MPa})<(f_{pd}=1260\text{MPa})$

且 $\sigma_{pu}=968\text{MPa}<0.65f_{ptk}=0.65\times1860=1209(\text{MPa})$，不必验算使用阶段体外筋的应力强度。

2. 体外预应力对各控制截面产生的内力计算

(1) 体外预加力的等效荷载计算。该桥可等效为工字形截面，因为现浇层参与受力所以翼缘板厚度为

$$h''_f=114+90=204(\text{mm})$$

截面总高度为：$H=h+90=640\text{mm}$，$h_0=H-a_s=640-44=596(\text{mm})$，其余尺寸不变，由于该桥为工字形截面所以毛截面形心均在同一水平线上。

毛截面面积为：$A=1000\times204+1000\times114+506\times322=480932(\text{mm}^2)$

毛截面形心距底面的距离：

$$\frac{1000\times114^2\times\frac{1}{2}+506\times322\times\left(114+322\times\frac{1}{2}\right)+1000\times204\times\left(114+322+204\times\frac{1}{2}\right)}{480932}=335(\text{mm})$$

毛截面形心距顶面的距离为：$e_1=H-335=640-335=305(\text{mm})$

1) 体外索的拉力设计值在锚固点或转向点处等效节点力。

腹板两侧体外索的有效预拉力共为

$$N_{pu}=\sigma_{pu}A_{pe}=968\times1400\times10^{-3}=1355.2(\text{kN})$$

2) 锚固点处等效节点力。

竖向分力：$P=N_{pu}\sin\theta=1355.2\sin8.13°=191.7(\text{kN})$

水平分力：$F=N_{pu}\cos\theta=1355.2\cos8.13°=1341.6(\text{kN})$

偏心力矩：$M=F \cdot e_1=1341.6 \times 0.305=413.3(\mathrm{kN})$

3) 转向点处等效节点力。

竖向分力：$P=191.7\mathrm{kN}$

(2) 体外预加力对控制截面产生的内力计算。将上述锚固点、转向点的等效节点力作用在简支梁相应点处，可计算出体外预加力对各截面产生的内力。

1) 体外索的拉力设计值在跨中及 1/4 跨截面产生的内力。

弯矩：
$$M_{pu}=M-Pl_1=413.3-191.7 \times 3.15=-190.52(\mathrm{kN} \cdot \mathrm{m})$$

轴力：$N_{pu}=F=1341.6\mathrm{kN}$，剪力：$V_{pu}=0$（1/4 跨至跨中截面）

2) 支座截面内力。

弯矩：$M_{pu}=M=413.3\mathrm{kN} \cdot \mathrm{m}$

轴力：$N_{pu}=1341.6\mathrm{kN}$

剪力：$V_{pu}=-P=191.7\mathrm{kN}$

(3) 持久状况承载能力极限状态计算。

1) 按全预应力混凝土构件计算。

所有受拉钢筋合力点至受拉边缘距离：
$$a=\frac{A_s f_{sd} a_s + A_{pe} \sigma_{pu} a_{pe}}{A_s f_{sd} + A_{pe} \sigma_{pu}}=\frac{5890.8 \times 280 \times 44 + 1400 \times 968 \times 100}{5890.8 \times 280 + 1400 \times 968}=69(\mathrm{mm})$$
$$h_{00}=h-a=640-69=571(\mathrm{mm})$$

2) 判断 T 形截面形式。

由于：
$$A_s f_{sd} + A_{pe} \sigma_{pu}=5890.8 \times 280 + 1400 \times 968=3004624(\mathrm{N})$$
$$>[f_{cd} b'_f h'_f + f'_{sd} A'_s = 12.88 \times 1000 \times 204 = 2627520(\mathrm{N})]$$

所以为第二类 T 形截面。

3) 截面受压区高度。
$$x=\frac{f_{sd} A_s + \sigma_{pu} A_{pe} - f_{cd}(b'_f - b)h'_f}{f_{cd} b}$$
$$=\frac{280 \times 5890.8 + 968 \times 1400 - 12.88 \times (1000-506) \times 204}{12.88 \times 506}$$
$$=262(\mathrm{mm})<\zeta_b h_{00}=0.56 \times 571=319(\mathrm{mm})$$

符合要求。

4) 跨中正截面抗弯承载力。
$$M_u = f_{cd} \left[bx\left(h_{00}-\frac{x}{2}\right) + (b'_f - b)h'_f \left(h_{00}-\frac{h'_f}{2}\right) \right] + f'_{sd} A'_s (h_{00}-a'_s)$$
$$=12.88 \times \left[506 \times 262 \times \left(571-\frac{262}{2}\right) + (1000-506) \times 204 \times \left(571-\frac{204}{2}\right) \right]$$
$$=1360.1(\mathrm{kN} \cdot \mathrm{m}) > \gamma_0 M_d = 781.1(\mathrm{kN} \cdot \mathrm{m})$$

如果将体外索对构件计算截面产生的内力作为永久作用的一部分，参与到永久作用效应组合设计值中，而不作为构件承载力设计值的一部分，则跨中截面弯矩组合设计值：

$$M_{d2} = M_d + M_{pu} = 781.1 - 190.5 = 590.6 (\text{kN} \cdot \text{m})$$

5) 截面受压区高度。

$$x = \frac{f_{sd}A_s}{f_{cd}b'_f} = \frac{280 \times 5890.8}{12.88 \times 1000} = 128.1(\text{mm}) < \zeta_b h_0 = 0.56 \times 596 = 333.76(\text{mm})$$

符合要求。

6) 跨中正截面抗弯承载力。

$$M_u = f_{cd}b'_f x \left(h_0 - \frac{x}{2}\right) = 12.88 \times 1000 \times 128.1 \times \left(596 - \frac{128.1}{2}\right)$$
$$= 877.68 \ (\text{kN} \cdot \text{m}) > \gamma_0 M_{d2} = 590.6 \ (\text{kN} \cdot \text{m})$$

表明加固后复合受弯承载力要求。

7) 持久状况正常使用阶段跨中正截面抗裂验算全截面换算截面面积。

$$A_0 = (b'_f - b)h''_f + (b'_f - b)h'_f + bh + \alpha_{Es}(A_s + A'_s)$$
$$= (1000 - 506) \times 204 + (1000 - 506) \times 114 + 506 \times 640 + 6.85 \times 5890.8$$
$$= 521283.98 (\text{mm}^2)$$

8) 形心至截面底缘的距离。

$$y_2 = \frac{1000 \times 114^2 \times \frac{1}{2} + 506 \times 322 \times \left(114 + \frac{322}{2}\right) + 1000 \times 204 \times \left(114 + 322 + \frac{204}{2}\right) + 6.85 \times 5890.8 \times 44}{521283.98}$$

$$= 123(\text{mm})$$

形心至截面上边缘的距离：$y_1 = h - y_2 = 640 - 123 = 517(\text{mm})$

由平行移轴公式得截面惯性矩为：

$$I_0 = \frac{1}{12} \times 1000 \times 204^3 + 1000 \times 204 \times \left(517 - \frac{204}{2}\right)^2 + \frac{1}{12} \times 506 \times 322^3 + 506 \times 322$$
$$\times \left(\frac{322}{2} + 114 - 123\right)^2 + \frac{1}{12} \times 1000 \times 114^3 + 1000 \times 114 \times \left(123 - \frac{114}{2}\right) + 6.85 \times 5890.8$$
$$\times (123 - 44) = 4.18 \times 10^{10} \ (\text{mm}^4)$$

9) 体外预应力对梁跨中截面产生的内力计算。

毛截面面积：$A = 1000 \times 204 + 1000 \times 114 + 506 \times 322 = 480932 \ (\text{mm}^2)$

毛截面形心距底面的距离：

$$\frac{1000 \times 114^2 \times \frac{1}{2} + 506 \times 322 \times \left(114 + 322 \times \frac{1}{2}\right) + 1000 \times 204 \times \left(114 + 322 + 204 \times \frac{1}{2}\right)}{480932} = 335(\text{mm})$$

毛截面形心距顶面的距离：$e_1 = H - 335 = 640 - 335 = 305(\text{mm})$

体外索的拉力设计值在锚固点或转向点处等效节点力，即

腹板两侧体外索的有效预拉力共为

$$N_{pu} = \sigma_{pu} A_{pe} = 968 \times 1400 \times 10^{-3} = 1355.2(\text{kN})$$

锚固点处等效节点力如下。

竖向分力：$P = N_{pu}\sin\theta = 1355.2\sin 8.13° = 191.7(\text{kN})$

水平分力：$F = N_{pu}\cos\theta = 1355.2\cos 8.13° = 1341.6(\text{kN})$

偏心力矩：$M = F \cdot e_1 = 1341.6 \times 0.305 = 413.3 (\text{kN})$
转向点处等效节点力如下。
竖向分力：$P = 191.7 \text{kN}$
弯矩：$M_{pu} = M_1 - Pl_1 = 413.3 - 191.7 \times 3.15 = -190.52 (\text{kN} \cdot \text{m})$
轴力：$N_{pu} = F = 1341.6 \text{kN}$
所以体外预加力产生的跨中截面梁顶拉应力为

$$\sigma_{pc} = \frac{N_{p2} \times 10^3}{A_0} + \frac{M_p \times 10^6}{I_0} y_2$$

$$= \frac{1341.6 \times 10^3}{521283.98} + \frac{190.52 \times 10^6}{4.18 \times 10^{10}} \times 123 = 3.13 (\text{MPa})$$

体外索预加力产生的跨中截面梁顶拉应力：

$$\sigma_{pc} = \frac{N_{p2} \times 10^3}{A_0} - \frac{M_p \times 10^6}{I_0} y_1$$

$$= \frac{1341.6 \times 10^3}{521283.98} - \frac{190.52 \times 10^6}{4.18 \times 10^{10}} \times 517 = 0.21 (\text{MPa})$$

跨中截面荷载短期效应组合计算弯矩值：
$$M_s = M_G + 0.7 M_L = 247.3 + 0.7 \times 288.3 = 449.1 (\text{kN} \cdot \text{m})$$

荷载短期效应组合下跨中截面梁底拉应力：

$$\sigma_{st} = \frac{M_s \times 10^6}{I_0} y_2 = \frac{449.11 \times 10^6}{4.18 \times 10^{10}} \times 123 = 1.32 (\text{MPa})$$

按全预应力混凝土整体预制构件考虑：
$$\sigma_{st} - 0.9 \sigma_{pc} = 1.32 - 0.9 \times 3.13 = -1.5 (\text{MPa}) \leqslant 0$$

符合全预应力混凝土构件的要求。

（4）持久状况正常使用阶段跨中截面梁顶法向压应力计算。跨中截面作用标准值组合（汽车荷载计入冲击系数）计算弯矩值：

$$M_k = M_G + (1 + \mu) M_L = 247.3 + 1.3 \times 288.3 = 622.09 (\text{kN} \cdot \text{m})$$

跨中截面受压边缘混凝土应力：

$$\sigma_{kc} = \frac{M_k}{I_0} y_1 = \frac{622.09 \times 10^6}{4.18 \times 10^{10}} \times 517 = 7.69 (\text{MPa})$$

体外索有效预加力产生的跨中截面梁顶拉应力：

$$\sigma_{pt} = \frac{N_{p2} \times 10^3}{A_0} - \frac{M_p \times 10^6}{I_0} = 0.21 (\text{MPa})$$

未开裂构件：

$$\sigma_{cc} = \sigma_{kc} + \sigma_{pt} = 7.69 + 0.21 = 7.9 (\text{MPa}) < [0.5 f_{ck} = 0.5 \times 18.7 = 9.35 (\text{MPa})]$$

满足要求。
所以，受弯承载力、抗裂、梁顶混凝土压应力均符合全预应力混凝土构件要求。

3.4.9 方案比选

在对桥梁结构进行病害检测分析和鉴定评估的基础上，根据技术经济条件和使用要求，科学地选择加固方法是桥梁加固方案设计的核心[1]。本节以桥梁承载力提高率、桥梁损伤程度、施工的难易程度、经济性、对环境的影响为评判标准，对上述7种加固方法进行对比分析，确定出最优的加固方案对目标桥梁进行加固。各加固方法的优缺点如下：

(1) 增大截面加固法。

优点：增大截面加固法主要通过增加结构或的长细比，以减少构件的变形量，提高构件的整体刚度[11]。增大截面加固法受力明确，能够有效地提高构件的承载能力和耐久性，有力地解决活载变形或振动过大的问题。

缺点：增大截面加固法会占用桥梁净空，改变横截面积；增大结构自重，对整个结构产生一定的重力效应。

(2) 粘贴钢板加固法。

优点：钢板起到了补强钢筋的作用，有效地提高了桥梁的承载能力与耐久性；粘贴钢板加固法施工简便、周期短，粘贴所占空间小不减少桥梁净空，对环境影响小，且加固后不影响结构外观[13]；粘贴加固部位、范围与强度可视需要灵活设置，可在不影响或少影响交通的情况下施工。

缺点：螺栓的锚固会对主梁造成一定损伤，且加固钢板和螺栓容易锈蚀，如做不好防锈，可能会引起钢板和锚栓甚至桥梁内部钢筋的锈蚀，从而减短桥梁寿命[14]，因此后期必须进行严格的防锈处理与养护；与原结构不能达到很好的共同受力的效果，粘结剂的质量及耐久性会影响加固效果。

(3) 粘贴纤维复合材料加固法。

优点：碳纤维材料轻质高强、抗腐蚀能力和耐老化能力强、耐疲劳性能好[15]，粘贴所占空间小，不减少桥梁净空；相较于传统加固方式，如增大截面法，粘贴钢板法等，粘贴纤维复合材料在施工方法，构造处理，缩短施工周期等方面具有明显的优势[16]。

缺点：粘贴碳纤维加固法对施工工艺要求很高，非专业施工单位难以承担[17]；碳纤维材料价格偏高，所需加固成本较大，但粘贴加固时难以发挥其材料优势，材料利用率低，对材料而言是一种极大的浪费。

(4) 体外预应力加固法。

优点：预应力加固从根本上解决了后加补强材料应力（应变）滞后问题，可以充分发挥后加补强材料的高抗拉性能，提高材料的利用率[17]。

缺点：对桥体损伤大，施工复杂，对施工工艺要求较高。

各加固方案比选见表3.10。

表3.10　　　　　　　　　　加固方案比选表

对比项目	承载力提高	对桥梁损伤程度	施工难易程度	经济	对环境影响
受拉区增大截面加固	23%	高	较高	高	较高
受压区增大截面加固	6.1%	高	较高	高	较高

续表

对比项目	承载力提高	对桥梁损伤程度	施工难易程度	经济	对环境影响
双侧增大截面加固	22.4%	高	较高	高	较高
粘贴钢板加固	22%	低	低	低	低
粘贴碳纤维板加固	2.8%	较低	高	较高	低
粘贴碳纤维布加固	2.3%	较低	高	较高	低
体外预应力加固	48.5%	较高	较高	较高	较高

由表 3.10 可知，粘贴钢板加固法在承载力提高、施工、经济、环境等方面都具有较高的优势，故采用粘贴钢板法对桥梁进行加固。

3.5 粘贴钢板加固有限元计算复核

3.5.1 有限元模型建立

本节采用有限元分析软件 ABAQUS 分别建立原桥和粘贴钢板加固后的有限元模型进行计算分析，并与理论计算结果进行对比，以验证模型的准确性与可靠性[15]。

1. 单元选择

混凝土采用三维二节点实体缩减积分单元（C3D8R），即满足精度又可以减小计算量，钢筋采用三维二节点实体桁架单元（T3D2）[15]，钢板采用四节点缩减积分四边形壳单元（S4R）。

2. 建模处理

采用 ABAQUS 中提供的布尔运算功能将受拉钢筋合并成为一个钢骨架实例，模型如图 3.18 所示。将钢骨架采用 ABAQUS 提供的 Embedded 技术嵌入混凝土，不考虑钢骨架与混凝土之间的滑移[15]，加固钢板与混凝土的交界面采用 Tie 约束进行设置[13]，全桥模型如图 3.19 所示，钢板网格划分如图 3.20 所示。为了防止混凝土梁局部受压破坏，在支座和受力点处分别设置钢垫块[18]，由于只考虑弹性阶段，故不考虑混凝土的塑性损伤。

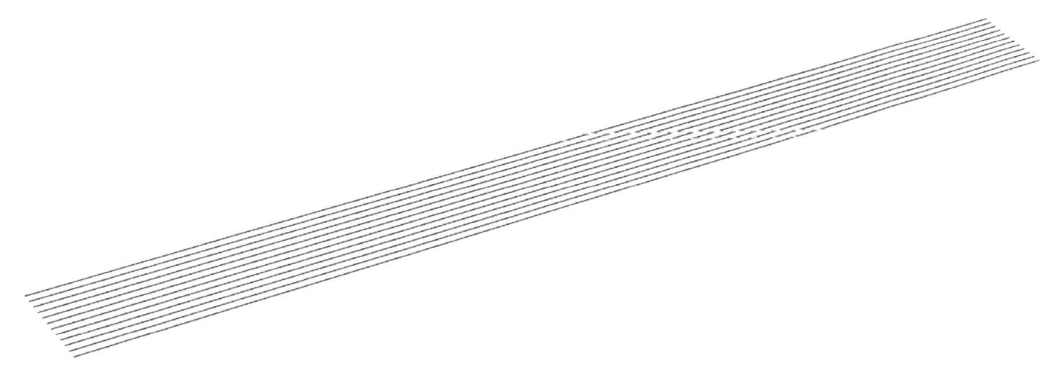

图 3.18 钢筋在有限元模型中的应用

图 3.19　梁在有限元模型中的应用

图 3.20　钢板在有限元模型中的应用

3. 荷载设置

根据设计荷载工况，由于自重在梁上的最大弯矩为 $M_G=247.3\mathrm{kN\cdot m}$，故将其等效为压力为 $P=15774\mathrm{Pa}$ 的压强作用在梁体上。由于汽-20 级活载在梁上的最大弯矩为 $M_G=288.3\mathrm{kN\cdot m}$，故将其等效为为 $F=91.5\mathrm{kN}$ 的集中力作用在梁跨中处，如图 3.21 所示。直接在跨中位置的单个节点上施加位移会出现局部应力集中现象，且运算不收敛，因此在集中荷载施加之前，对加载面上所有节点耦合集中荷载方向上的平动自由度。

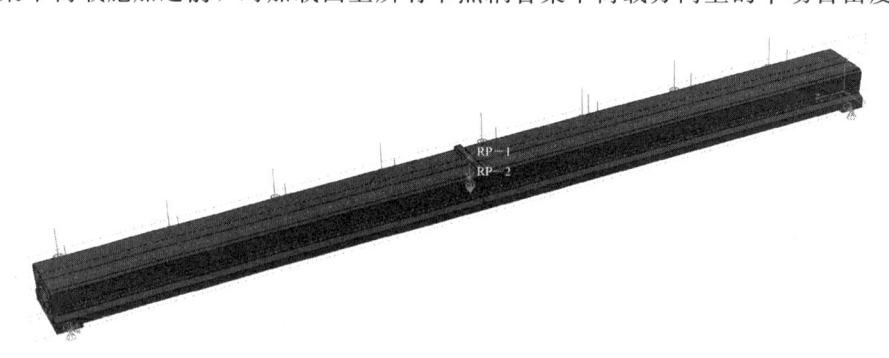

图 3.21　荷载作用示意图

3.5.2　原桥有限元模型计算结果

1. 梁底应力应变计算

梁底应力有限元计算结果为 $\sigma=9.4\mathrm{MPa}$，应变计算结果为 $\varepsilon=3.22\times10^{-4}$，符合应力应变关系。

$$E=\frac{\sigma}{\varepsilon}=\frac{9.4\times10^6}{3.22\times10^{-4}}=2.92\times10^4(\text{MPa})$$

应力云图如图 3.22 所示，应变云图如图 3.23 所示。

图 3.22 原桥应力云图

图 3.23 原桥应变云图

梁底应力理论计算结果如下：根据钢筋与混凝土弹性模量之比 $\alpha_{Es}=6.85$，将钢筋换算成混凝土截面面积取 $A_{sc}=42000\text{mm}^2$，故截面惯性矩为 $I_z=1.58\times10^{-2}\text{m}^4$ 所以梁底应力为

$$\sigma=\frac{My}{I_z}=\frac{535600\times275\times10^{-3}}{1.58\times10^{-2}}=9.3(\text{MPa})$$

2. 挠度计算

挠度有限元计算结果为：$w=21.3\text{mm}$，挠度云图如图 3.24 所示。

图 3.24 原桥挠度云图

挠度理论计算结果为

$$w_1 = \frac{Fl^3}{48EI} = \frac{91500 \times 12.6^3}{48 \times 2.92 \times 10^{10} \times 1.58 \times 10^{-2}} = 8.3 \text{(mm)}$$

$$w_2 = \frac{5ql^4}{384EI} = \frac{5 \times 12500 \times 12.6^4}{384 \times 2.92 \times 10^{10} \times 1.58 \times 10^{-2}} = 8.9 \text{(mm)}$$

$$w = w_1 + w_2 = 17.2 \text{ (mm)}$$

原桥有限元与理论计算结果对比见表 3.11。

表 3.11　　　　　　原桥有限元计算结果与理论值对比表

计算结果	应力/MPa	挠度/mm
有限元计算值	9.4	21.3
理论值	9.3	17.2
误差	1.1%	23.8%

由表 3.11 可知，原桥有限元模型的应力与挠度计算结果与理论计算结果之间的误差为 1.1% 和 23.8%，满足要求，所建立的有限元模型准确。

3.5.3　粘贴钢板加固有限元模型计算结果

1. 梁底应力计算

梁底应力有限元计算结果为 $\sigma = 7.7 \text{MPa}$，应变为 $\varepsilon = 2.6 \times 10^{-4}$，符合应力应变关系：

$$E = \frac{\sigma}{\varepsilon} = \frac{7.7 \times 10^6}{2.64 \times 10^{-4}} = 2.92 \times 10^4 \text{(MPa)}$$

应力云图如图 3.25 所示，应变云图如图 3.26 所示。

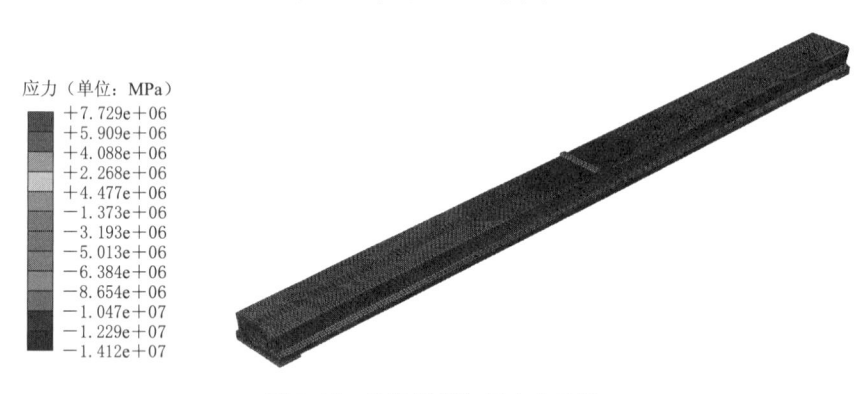

图 3.25　粘贴钢板加固应力云图

梁底应力理论计算结果：根据钢板与混凝土弹性模量之比 $\alpha_{Es} = 7.1$，将钢板换算成混凝土截面面积取 $A_{sc} = 14000 \text{mm}^2$，故截面惯性矩为 $I_z = 1.7 \times 10^{-2} \text{m}^4$，所以梁底应力为

$$\sigma = \frac{My}{I_z} = \frac{535600 \times 275 \times 10^{-3}}{1.7 \times 10^{-2}} = 8.7 \text{(MPa)}$$

2. 挠度计算

挠度有限元计算结果为 $w = 19 \text{mm}$，且钢板与梁体协调变形，挠度云图如图 3.27 所示。

挠度理论计算结果为

3.5 粘贴钢板加固有限元计算复核

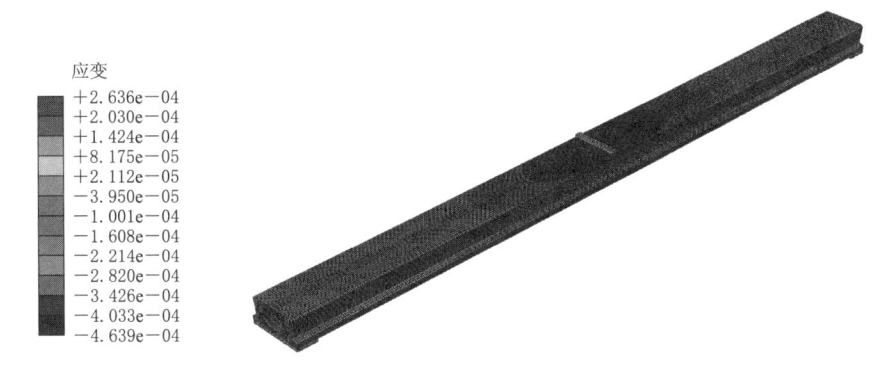

图 3.26 粘贴钢板加固应变云图

图 3.27 粘贴钢板加固挠度云图

$$w_1 = \frac{Fl^3}{48EI} = \frac{91500 \times 12.6^3}{48 \times 2.92 \times 10^{10} \times 1.7 \times 10^{-2}} = 7.7 \text{(mm)}$$

$$w_2 = \frac{5ql^4}{384EI} = \frac{5 \times 12500 \times 12.6^4}{384 \times 2.92 \times 10^{10} \times 1.7 \times 10^{-2}} = 8.3 \text{(mm)}$$

$$w = w_1 + w_2 = 16 \text{(mm)}$$

粘贴钢板加固有限元计算结果与理论结果对比分析见表 3.12。

表 3.12 粘贴钢板加固有限元计算结果与理论加固对比表

计算结果	应力/MPa	挠度/mm
有限元计算值	7.7	19
理论值	8.7	16
误差	11.5%	18.8%

由表 3.12 可知，粘贴钢板加固后有限元模型的应力与挠度计算结果与理论计算结果之间的误差为 11.5% 和 18.8%，满足要求，所建立的有限元模型准确。将加固前后有限元计算结果与理论计算结果进行汇总见表 3.13。

由表 3.13 可知，粘贴钢板加固前后有限元计算和理论计算误差为 1.1%～23.8%，满足要求，所建立的有限元模型准确；粘贴钢板加固后梁底应力和挠度均有所下降，有限元计算梁底应力下降 18.1%，梁底挠度减小 10.8%，理论计算梁底应力下降 6.5%，梁底挠度减小 7.0%。

表 3.13　　加固桥梁有限元计算结果与理论计算结构汇总表

计算结果	梁底应力/MPa			挠度/mm		
	计算值	理论值	误差	计算值	理论值	误差
未加固	9.4	9.3	1.1%	21.3	17.2	23.8%
加固后	7.7	8.7	11.5%	19	16	18.8%
承载力提高	18.1%	6.5%	—	10.8%	7.0%	—

3.6　粘贴钢板加固实施方案

3.6.1　加固设计方案

针对检测报告中对该桥的维修建议以及上一节的方案比选，对主梁进行粘贴钢板加固，加固方法为：在每片空心板底面粘贴两条 200mm，厚 5mm，长 10m 的 Q345-B 钢板，粘贴方向与空心板轴线保持一致。为了提高粘贴效果，在钢板的两端各设置三条压钢板，在跨中设置一条压钢板，施工时在压钢板与底板的孔隙用垫板填平。

3.6.2　施工说明

粘贴钢板加固施工工艺流程如图 3.28 所示。

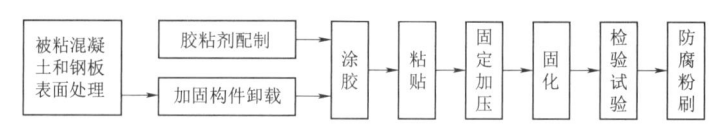

图 3.28　粘贴钢板加固施工工艺流程图

1. 工艺要点

(1) 依据图纸及实际情况放样下料，并依据现场植埋的螺栓，对待粘贴的钢板进行配套打孔。对于钢板粘合面，应根据钢板锈蚀程度，分别按以下两种方法处理：

1) 钢板未生锈或轻微锈蚀，可用喷砂、砂布或平砂轮打磨，直至出现金属光泽，其后用脱脂棉沾丙酮将钢板粘贴面擦拭干净。打磨粗糙度越大越好，打磨纹路尽量与钢板受力方向垂直。

2) 如钢板锈蚀较严重，必须先用适度盐酸浸泡 20min，使锈层脱落，再用石灰水冲洗，最后用平砂轮打磨出纹道。

(2) 对于混凝土构件粘结面，应根据构件表面的新旧程度、坚实程度、干湿程度，分别按以下四种情况处理：

1) 对很旧很脏的混凝土构件的粘结面，应先用硬毛刷沾高效洗涤剂，刷除表面油垢污物，接着，再进行打磨，除去 2~3mm 厚表层，直至完全露出新面，并用无油压缩空气吹除粉粒。处理后，若表面严重凹凸不平，可用高强树脂砂浆修补。

2) 如果混凝土表面不是很脏很旧，则可直接对粘结面进行打磨，去掉 1~2mm 厚表层，完全露出新面，用压缩空气除去粉尘或用清水冲洗干净，待完全干燥后用丙酮喷洗表面即可。

(3) 对于新混凝土黏结面,先用钢丝刷将表面松散浮渣刷去,露出新面,再用硬毛刷沾洗涤剂洗刷表面,或用清水冲洗,待完全干燥后即可。

(4) 对于湿度较大的混凝土构件,除满足上述要求外,尚须进行人工干燥处理。

为更好地确保粘贴效果,还应进行表面凿毛处理,使混凝土表面粗糙。施工时应按图纸要求并结合实际测量情况,确保坚硬的混凝土外露,并形成平整的粗糙面,再用钢丝轮清除表面浮渣,剔除表层疏松物。对于混凝土缺陷部位应用环氧结构胶进行修补,固化后再磨平,最后用压缩空气吹净表面尘粒,并用甲苯或工业丙酮擦拭表面数遍后晾干。

现场配置称量设备,将粘贴钢结构胶按照供应商提供的产品说明书要求的比例准确称量,一般为甲乙双组分,将甲组、乙组分倒入干净容器,采用机械法按同一方向定向搅拌至色泽均匀为止。配胶比例根据当时当地气候条件及有效时间长短作适当调整。

植埋螺栓,依照设计图纸的要求,放出需钻孔的位置,用钢筋混凝土保护层测试仪查明混凝土钢筋布置,然后钻孔。应避免钻孔打孔时碰及钢筋,用压缩空气清理孔内浮尘,再用丙酮清孔,在孔内灌注2/3孔深的结构胶,用丙酮清洗螺栓,之后安装锚固螺栓,要求埋设牢固,具有可靠的抗拔力,以保持粘贴钢板时有效地加压,同时还可以帮助钢板克服剪切,有利于粘贴的耐久作用。

用抹刀同时涂抹在已处理好的混凝土表面和钢板贴合面,先用少量胶于结合面来回刮抹数遍,再添抹至所需厚度(1~3mm),中间厚边缘薄,然后将钢板贴于预定位置。钢板粘贴后,用手锤沿粘贴面轻轻敲击钢板,如无空洞声,表示已粘贴密实,否则应剥下钢板,补胶,重新粘贴。

钢板粘贴好后,立即用锚栓固定,加垫片、紧固螺母,交替拧紧各加压锚栓,使多余的胶粘剂沿板缝及螺栓孔挤出,加压固定的压力以不小于0.5MPa为宜。同时要不断轻轻敲打钢板及时检查钢板下胶粘剂饱满度,若发现某些部位胶粘剂不足,有空鼓,应及时松开锚栓,从钢板侧面把胶粘剂填塞到空隙处,使钢板平整密贴,锚栓拧紧次序应按由内向外、由中间向两边进行。

固化:固化期间不得对钢板有任何扰动,若气温偏低,可采取人工加温,一般用红外线灯加热。固化时间不小于24小时。

钢板表面防腐处理:锌加涂料涂装前,待涂表面必须彻底清除油脂,必要时应采用专用清洗剂清洗。对氧化皮致密的钢板,需要经过机械喷砂处理,使其表面清洁度达到Sa2.5级、粗糙度为$50\sim70\mu m$的控制标准,喷砂后要用清洁的压缩空气将涂装结构上的灰尘除尽,涂锌加厚度$60\mu m$。

2. 检验和验收

(1) 锚栓的植入深度应符合设计要求,钻孔深度偏差不应大于5mm。

(2) 目测钢板边缘的溢胶,色泽应均匀,胶体应固化。

(3) 钢板的有效黏结面积应不小于95%,可采用以下三种方法检查:敲击检测法、超声波检测法、红外线检测法。

(4) 钢板与原混凝土间的正拉黏结强度不应小于2.5MPa。

桥梁加固设计如图3.29~图3.42所示。

图 3.29 中板加固立面图（一）（单位：cm）

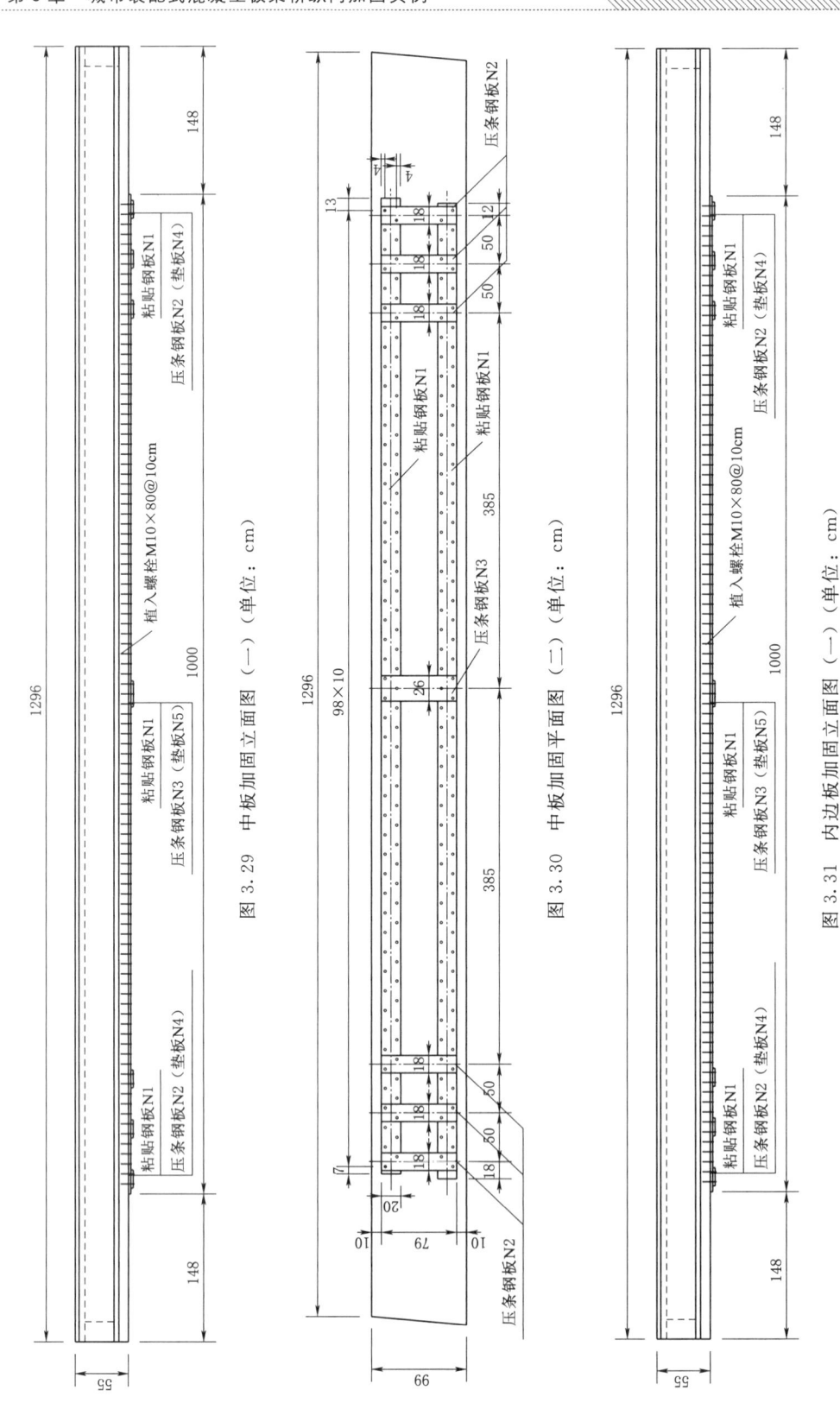

图 3.30 中板加固平面图（二）（单位：cm）

图 3.31 内边板加固立面图（一）（单位：cm）

3.6 粘贴钢板加固实施方案

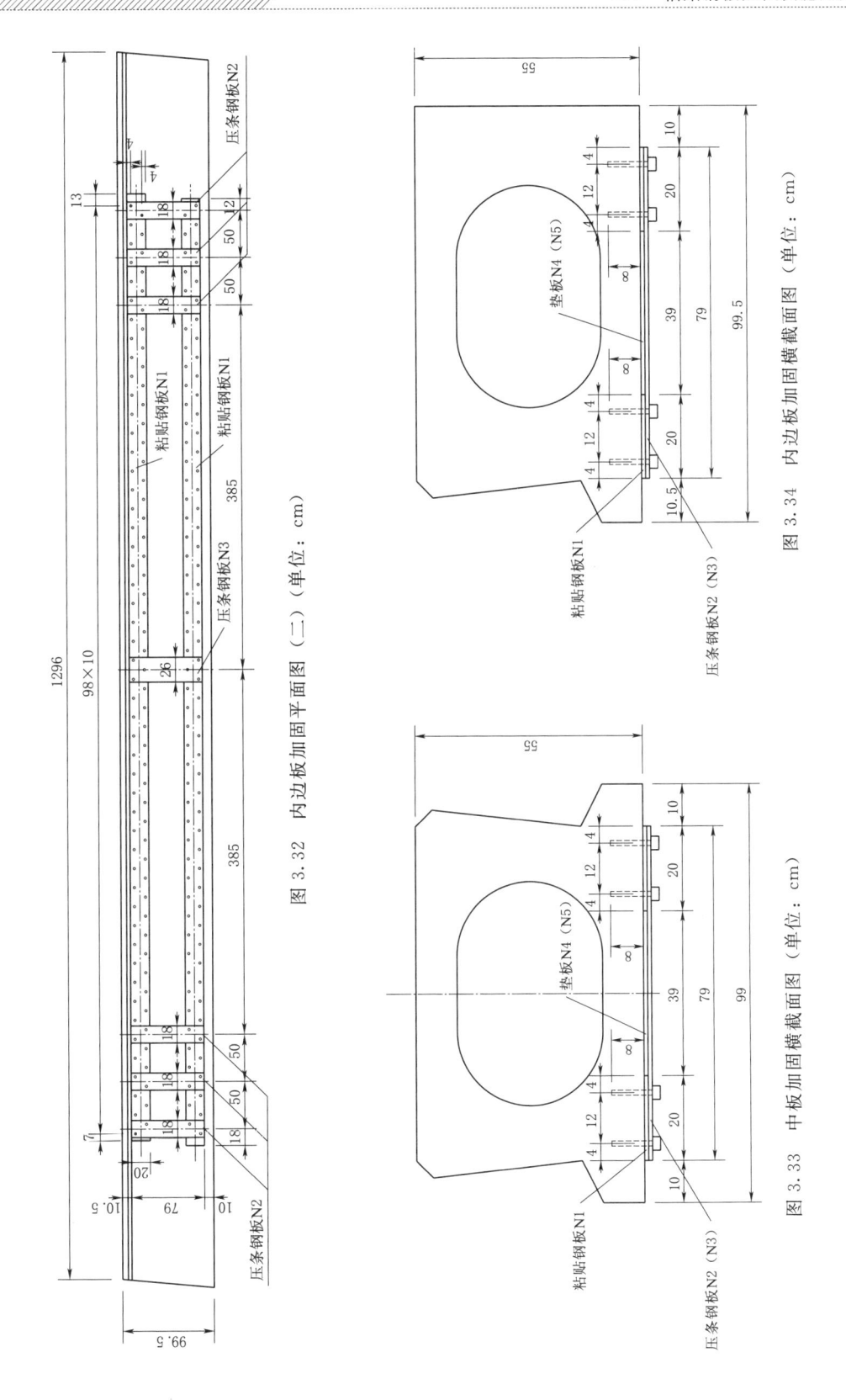

图 3.32 内边板加固平面图（二）（单位：cm）

图 3.33 中板加固横截面图（单位：cm）

图 3.34 内边板加固横截面图（单位：cm）

图 3.35 外边板加固立面图(一)(单位：cm)

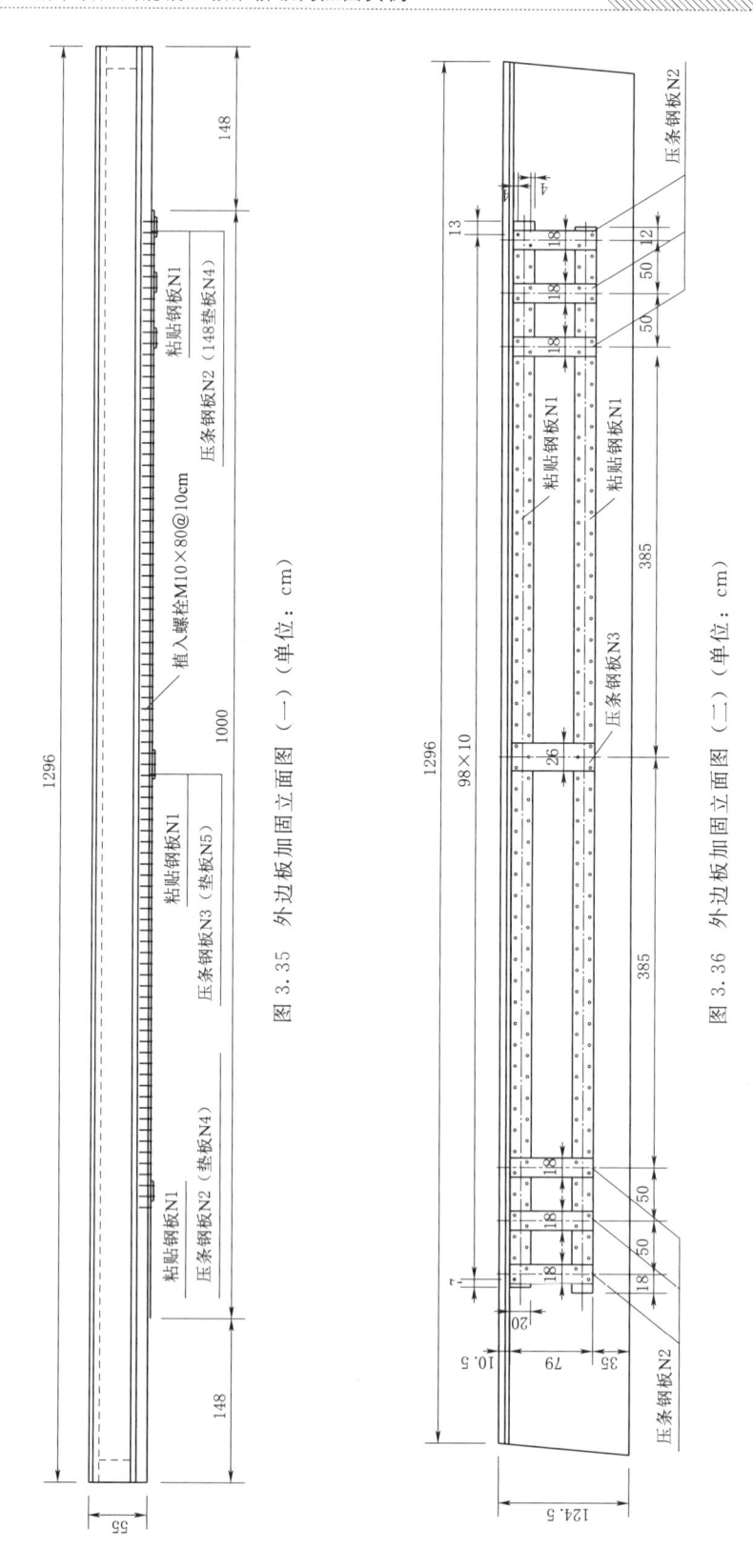

图 3.36 外边板加固立面图(二)(单位：cm)

3.6 粘贴钢板加固实施方案

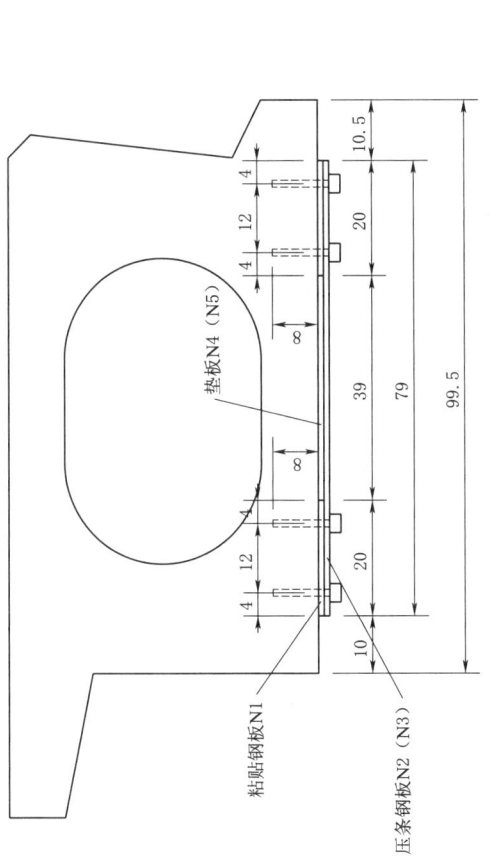

图 3.37 外边板加固立面图（三）（单位：cm）

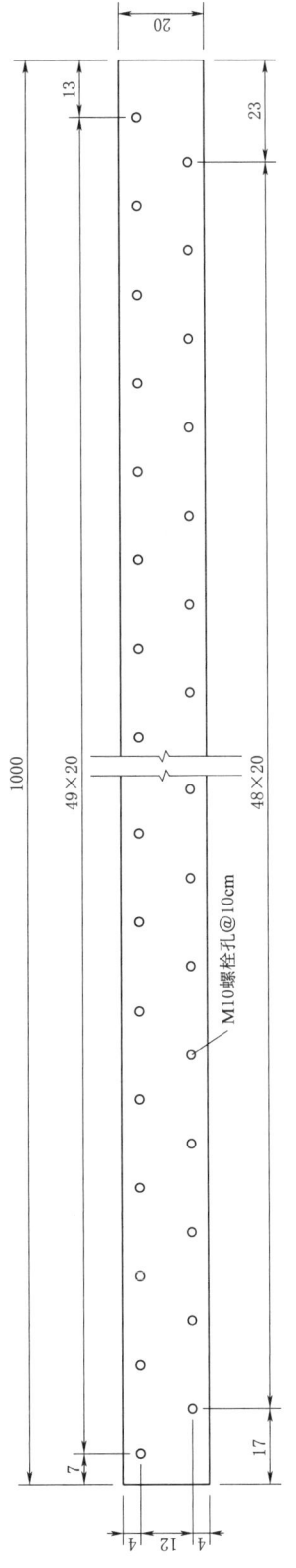

图 3.38 粘贴钢板 N1 大样图（单位：cm）

91

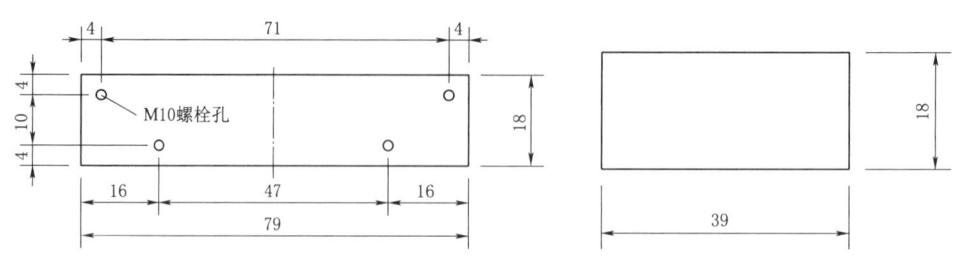

图 3.39 压条钢板 N2 大样图（单位：cm）　　图 3.40 垫板 N4 大样图（一）（单位：cm）

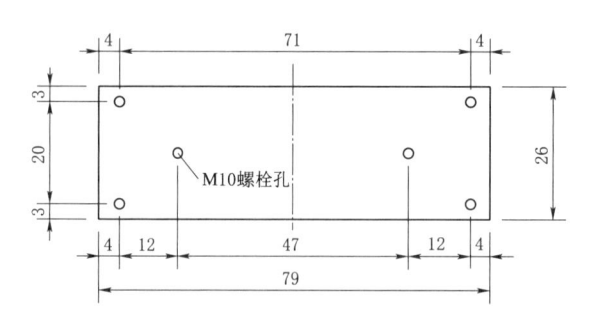

图 3.41 压条钢板 N3 大样图（单位：cm）　　图 3.42 垫板 N4 大样图（二）（单位：cm）

3.7 本章小结

本章通过对某城市装配式混凝土板梁桥进行加固设计，比较了不同加固方法的优缺点，主要结论如下：

（1）当分别采用体外预应力加固、增大截面加固、粘贴纤维复合材料加固和粘贴钢板加固法时，桥梁承载力分别提高 48.5%、6.1%～23%、2.3%～2.8% 和 22%。

（2）通过综合对比，粘贴钢板加固法能显著提高桥梁承载力，且对梁体的损伤较小，施工方便，经济合理，因此选择粘贴钢板法作为最优加固方案，并给出具体的施工流程和施工方法。

（3）采用有限元软件分别对原桥模型和粘贴钢板加固后的模型进行计算，并与理论值进行对比，两者误差分别为：1.1%～23.8% 和 11.5%～18.8%，这表明所建立的有限元模型准确。

参考文献

[1] 张树仁. 桥梁病害诊断与加固设计 [M]. 北京：人民交通出版社，2013.
[2] 冢头营至沁阳公路长垣至新乡段赵定小桥施工图 [A].
[3] 中华人民共和国住房和城乡建设部. CJJ 99—2017 城市桥梁养护技术标准 [S]. 北京：中国建筑工业出版社，2017.
[4] 河南省建筑科学研究院有限公司. DBJ41/T 127—2013 城市桥梁检测技术规程 [M]. 郑州：郑州

大学出版社，2013.
［5］ 中华人民共和国交通运输部. JTG D62—2004 公路钢筋混凝土及预应力混凝土桥涵设计规范［S］. 北京：人民交通出版社，2004.
［6］ 中华人民共和国交通运输部. JTG/T J21—2011 公路桥梁承载能力检测评定规程［S］. 北京：人民交通出版社，2011.
［7］ 中华人民共和国交通运输部. JTG 3362—2018 公路钢筋混凝土及预应力混凝土桥涵设计规范［S］. 北京：人民交通出版社，2018.
［8］ 中华人民共和国交通运输部. JTG/T J22—2008 公路桥梁加固设计规范［S］. 北京：人民交通出版社：2008.
［9］ 中华人民共和国建设部. CJJ/T 239—2016 城市桥梁结构加固技术规程［S］. 北京：中国建筑工业出版社，2016.
［10］ 王依群. 桥梁加固设计计算算例［M］. 北京：中国建筑工业出版社，2019.
［11］ 郭智刚. 增大截面加固法加固桥梁构件的设计方法研究［D］. 南京：东南大学，2008.
［12］ 李红，刘胜春. 增大截面法加固钢筋混凝土构件的正截面承载力研究［J］. 北京交通大学学报，2015，39（4）：96-100.
［13］ 吴灿彬，邹昀，王城泉，等. 基于 ABAQUS 的粘钢加固混凝土梁的有限元分析［J］. 工程抗震与加固改造，2018，v.40；No.185（04）：117-120.
［14］ 刘建平. 粘贴钢板加固技术在桥梁上的应用与研究［J］. 建筑技术开发，2020，v.47，No.429（3）：131-133.
［15］ 胡霖嵩，鞠培东，张晶晶. 基于 ABAQUS 的 CFRP 布加固部分预应力混凝土梁数值模拟［J］. 工程抗震与加固改造，2019，041（2）：67-72.
［16］ 王文炜，赵国藩. FRP 加固混凝土结构技术及应用［M］. 北京：中国建筑工业出版社，2007.
［17］ 黄平明，陈万春. 桥梁养护与加固［M］. 北京：人民交通出版社，2009.
［18］ 王玉镯，傅传国. ABAQUS 结构工程分析及实例详解［M］. 北京：中国建筑工业出版社，2010.
［19］ 中华人民共和国交通运输部. JTG/T J23—2008 公路桥梁加固施工技术规范［S］. 北京：人民交通出版社，2008.

第4章 城市装配式混凝土板梁桥横向加固实例

4.1 引言

装配式混凝土空心板梁桥因其施工简便,在我国中小跨径桥梁中占有很大的比重[1-3]。装配式混凝土空心板梁桥各板之间通过现浇企口混凝土铰接和焊接钢板连接的方式来实现横向联系,使作用于板上的荷载按横向分布规律分配给其他各板共同承受,从而避免单板受力[4-6]。但随着空心板梁运营服役期的增长,国内各地的空心板梁均出现了较为普遍的横向铰缝受损病害。作为空心板梁桥主要的横向传力构件,一旦铰缝出现较大损伤必将导致桥梁结构整体受力性能变差,给桥梁结构正常运行带来安全隐患。本章首先分析铰缝损伤、板体损伤、铰缝和板损伤这三种工况对桥梁横向分布的影响;然后以某桥梁加固方案为例,结合具体病害与相关检测报告,分别采用增大截面加固、粘贴钢板加固、上下捆绑法加固、和体外预应力加固等加固方法进行方案比选;接着以跨中截面最大挠度、横向分布影响线竖标值、梁底应力,以及施工的难易程度、对梁体的损伤等为原则进行方案比选,确定出最佳加固方案;最后给出具体的施工过程和施工图纸,以供相关施工人员参考。利用有限元软件ABAQUS先对板体损伤、铰缝损伤、铰缝和板损伤进行模拟,再分别对各种加固方案进行建模,以获得各加固方案的横向分布影响线及梁底应力。

4.2 工程概况

4.2.1 工程简介

某桥梁中心桩号为K0+754.00,于2004年建成通车,桥梁上部结构为2×8m装配式钢筋混凝土实心板梁,计算跨径 $l_0=7.8m$,全桥横向由45片预制钢筋混凝土实心板组成,采用25号混凝土,钢筋采用Ⅰ、Ⅱ级钢筋。桥梁下部结构为浆砌块石桥台(墩),15号水泥砂浆,墩台帽梁和支撑梁采用15号混凝土。设计荷载标准为汽-20级,挂-100级[7],桥梁全貌图如图4.1所示。

4.2.2 病害情况

此桥地属城市交通要道,过往车辆较多,经过多年运营,桥体已呈现一定程度的病害。根据检测报告[8],该桥主要病害表现为:桥面铺装出现4处贯通横向裂缝,4处纵向裂缝;伸缩缝存在螺帽松动、缝内沉积物、伸缩缝处轻微异响等现象;防水层渗水,梁底泛白,主梁铰缝脱落现象;南北两侧护栏破损露筋锈蚀[8],桥梁病害如图4.2～图

4.5 所示。

图 4.1　桥梁全貌图

图 4.2　桥面铺装纵向裂缝

图 4.3　伸缩缝铆钉脱落

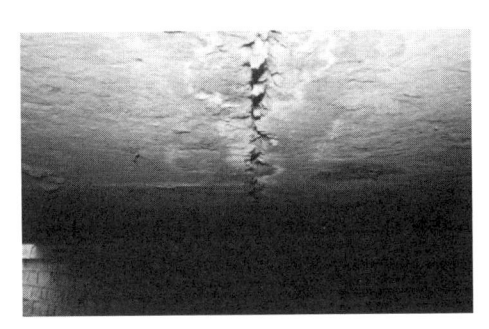

图 4.4　铰缝脱落、梁底泛白

4.2.3　检测结果与维修意见

采用《城市桥梁养护技术规范》(CJJ 99—2017) 和《城市桥梁检测技术规程》(DBJ41/T 127—2013) 中的桥梁技术评定方法对桥梁外观进行评定，得出桥梁状况指数 BCI 为 64.82，桥梁属于 D 级，处于不合格状态[8-10]。建议对该桥进行中修工程，中修内容如下：

（1）修复桥面裂缝，防止桥面渗水，影响桥梁耐久性。

图 4.5　栏杆破损

（2）修复伸缩缝，防止桥头跳车。

（3）修复桥面防水层，防止主梁渗水。

（4）拆除栏杆进行重建。

（5）加强主梁横向联系，防止产生单板受力。

4.2.4　加固目标

对桥梁存在的病害进行处理，防止其进一步发展危害桥梁自身结构安全，恢复桥梁使用性能，加强主梁的横向联系，防止出现单板受力。

4.3 原桥及铰缝损伤、板损伤有限元模拟

本节利用 ABAQUS 有限元软件对原桥及铰缝损伤模型进行模拟，桥梁横截面尺寸如图 4.6 所示，其中混凝土采用 C30 混凝土，底部受拉钢筋为直径 10mm 的 HRB335 级钢筋。考虑桥面板横向分布特点，当某一块板受力时，向相邻板传递以邻近 2 块板为主，故 5 块板即能反映横向分布特点[5]，为便于描述，模型编号如图 4.7 所示。

4.3.1 原桥有限元模拟

1. 单元选择

图 4.6 横截面图（单位：mm）

混凝土采用三维二节点实体缩减积分单元（C3D8R），即满足精度又可以减小计算量。钢筋采用三维二节点实体桁架单元（T3D2）。

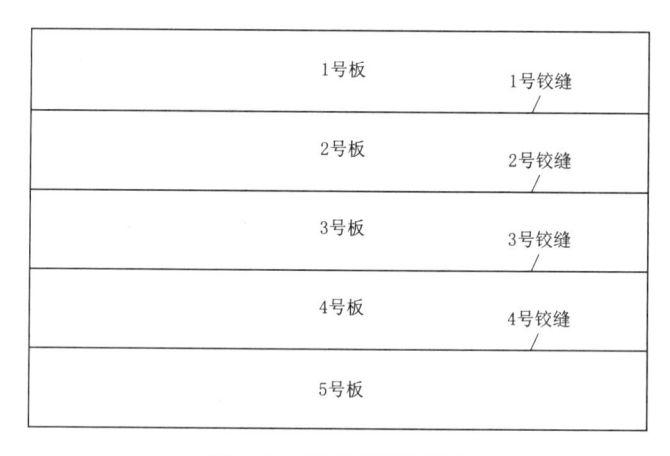

图 4.7 模型编号示意图

2. 模型建立

为了简化计算将原桥尺寸缩小 1/5，建模所采用的坐标系为：X、Y、Z 轴分别与桥的横、竖、纵向方向一致。分别建立空心板和铰缝部件，全桥网格划分如图 4.8 和图 4.9 所示。为了防止混凝土梁局部受压破坏，在支座和受力点处分别设置钢垫块[12]，且所有材料均为线弹性体。根据荷载横向分布的概念，单位荷载取 10kN，并将其分别作用在各板的跨中位置，计算各板跨中挠度。

3. 荷载布置

根据荷载横向分布的概念，单位荷载取 10kN，并将其分别作用在各板的跨中位置，计算各板跨中挠度，3 号板加载挠度计算云图如图 4.10 所示。

由图 4.10 可以看出，原桥模型各板竖向位移分布均匀，符合横向分布特点，故所建模型准确。

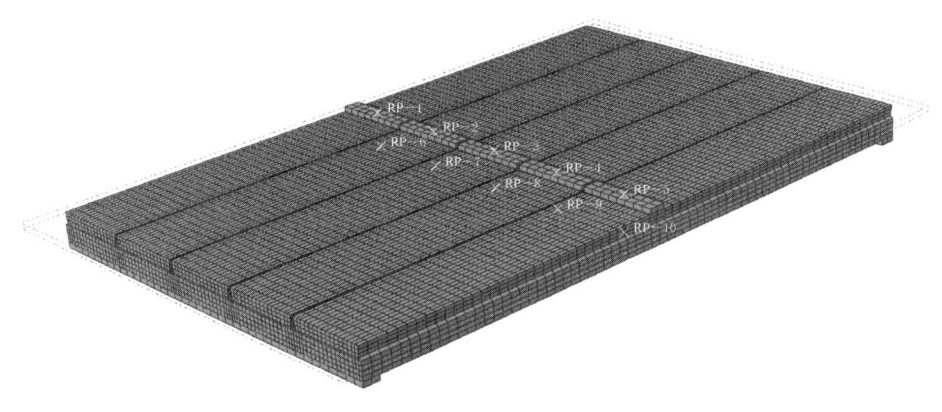

图 4.8 全桥模型网格划分

图 4.9 横截面网格划分

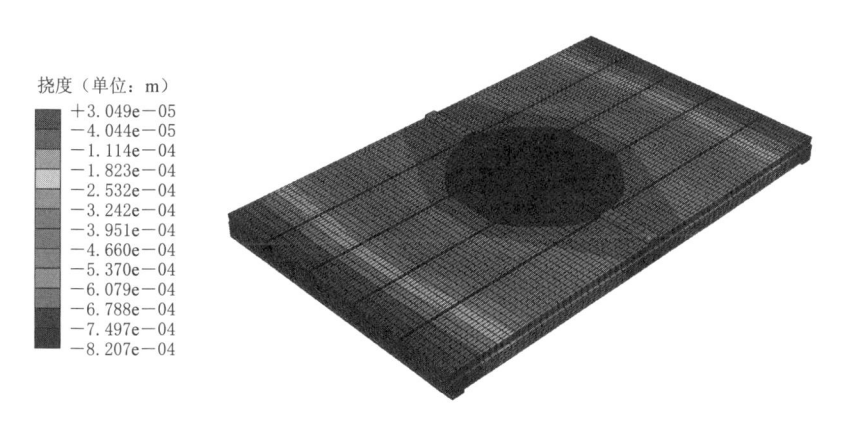

图 4.10 原桥模型挠度云图

4. 荷载横向分布系数计算

对于正常使用状态的空心板桥，当假定构件材料处于线弹性工作状态时，荷载与位移成正比关系。将挠度作为分析横向分布系数的指标，横向分布影响线按式（4.1）计算[13-14]。

$$\eta_i = \omega_i / \sum \omega_i \tag{4.1}$$

式中 η_i——第 i 号板的影响线竖标值；

ω_i——第 i 号板的跨中截面挠度。

根据运算得到的各板跨中截面挠度，得到各板的横向分布影响线竖标值，见表 4.1，由于对称故只列出 1、2、3 号板的值。

表 4.1　　　　　　　　　原桥模型各板横向分布影响线竖标值

板号	单位荷载作用位置（i 号板中心）					$\Sigma \eta_i$
	1	2	3	4	5	
1	0.303	0.238	0.180	0.147	0.133	1.000
2	0.239	0.241	0.206	0.166	0.148	1.000
3	0.181	0.206	0.227	0.206	0.181	1.000

根据铰接板梁法可以计算出刚度参数 $\gamma=0.0288$，利用铰板荷载横向分布影响线计算用表直线内插法求得 $\gamma=0.0288$ 的影响线竖标值 η_{1i}，η_{2i}，η_{3i}，计算结果见表 4.2。

表 4.2　　　　　　　　　铰接板梁法各板横向分布影响线竖标值

板号	γ	单位荷载作用位置（i 号板中心）					$\Sigma \eta_i$
		1	2	3	4	5	
1	0.02	0.269	0.229	0.188	0.163	0.151	≈1.000
	0.04	0.321	0.249	0.178	0.136	0.116	≈1.000
	0.0288	0.292	0.238	0.184	0.151	0.136	
2	0.02	0.229	0.228	0.204	0.176	0.163	≈1.000
	0.04	0.249	0.249	0.207	0.158	0.136	≈1.000
	0.0288	0.238	0.237	0.205	0.168	0.151	
3	0.02	0.188	0.204	0.215	0.204	0.188	≈1.000
	0.04	0.178	0.207	0.230	0.207	0.178	≈1.000
	0.0288	0.184	0.205	0.222	0.205	0.184	

根据表 4.1 和表 4.2 可以看出，有限元计算结果与铰接板法计算结果基本吻合，说明所建模型符合要求。各板的横向分布影响线，如图 4.11 所示。

4.3.2　铰缝损伤模型

对于铰缝损伤的模拟，通过减小铰缝材料的弹性模量 E 来实现。将原铰缝弹性模量 $E_c=3\times10^4\mathrm{MPa}$ 分别减小 10%、30%、50% 和 90%，其余数据与原桥模型一致。当弹性模量减小 90%，即 $E_c=3\times10^3\mathrm{MPa}$ 时 3 号板加载挠度计算云图如图 4.12 所示。

由图 4.12 可以看出，铰缝损伤后在荷载作用下中板位移增大，横向位移分布不均匀，出现单板受力现象。与原桥模型相比跨中最大位移增大 3.55%。由此可见通过降低铰缝材料的弹性模量可以达到铰缝损伤的模拟。

根据运算得到的各板跨中截面挠度，得到铰缝损伤下各板的横向分布影响线竖标值，见

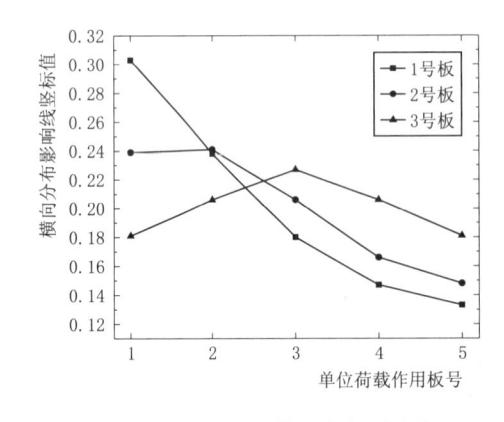

图 4.11　原桥各板横向分布影响线

表 4.3～表 4.6。

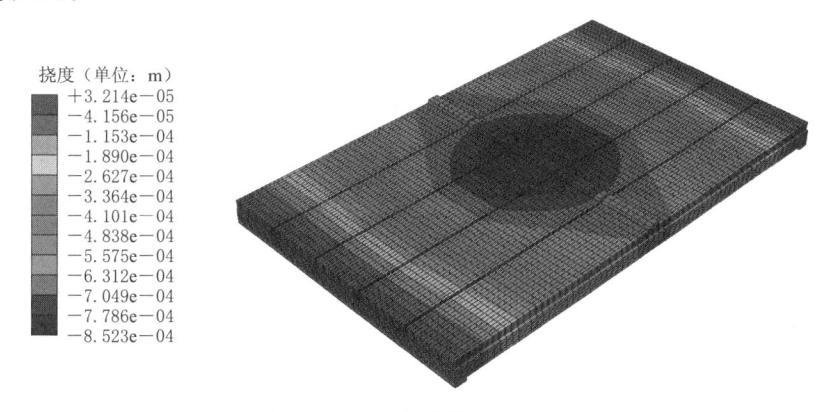

挠度（单位：m）
+3.214e−05
−4.156e−05
−1.153e−04
−1.890e−04
−2.627e−04
−3.364e−04
−4.101e−04
−4.838e−04
−5.575e−04
−6.312e−04
−7.049e−04
−7.786e−04
−8.523e−04

图 4.12　铰缝损伤模型挠度云图

表 4.3　　铰缝损伤 10% 的各板横向分布影响线竖标值

板号	单位荷载作用位置（i 号板中心）					$\Sigma\eta_i$
	1	2	3	4	5	
1	0.303	0.238	0.180	0.147	0.133	1.000
2	0.238	0.241	0.206	0.166	0.148	1.000
3	0.180	0.206	0.227	0.206	0.180	1.000

表 4.4　　铰缝损伤 30% 的各板横向分布影响线竖标值

板号	单位荷载作用位置（i 号板中心）					$\Sigma\eta_i$
	1	2	3	4	5	
1	0.303	0.238	0.180	0.147	0.133	1.000
2	0.238	0.242	0.206	0.166	0.148	1.000
3	0.180	0.206	0.227	0.206	0.180	1.000

表 4.5　　铰缝损伤 50% 的各板横向分布影响线竖标值

板号	单位荷载作用位置（i 号板中心）					$\Sigma\eta_i$
	1	2	3	4	5	
1	0.302	0.242	0.178	0.146	0.132	1.000
2	0.238	0.242	0.206	0.166	0.147	1.000
3	0.180	0.206	0.227	0.206	0.180	1.000

表 4.6　　铰缝损伤 90% 的各板横向分布影响线竖标值

板号	单位荷载作用位置（i 号板中心）					$\Sigma\eta_i$
	1	2	3	4	5	
1	0.306	0.239	0.179	0.146	0.131	1.000
2	0.239	0.245	0.206	0.164	0.146	1.000
3	0.179	0.206	0.230	0.206	0.179	1.000

3号板铰缝损伤横向分布影响线如图4.13所示。

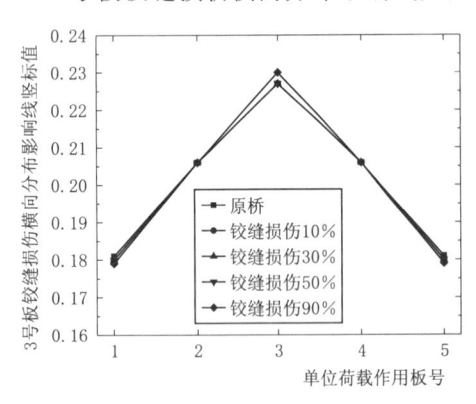

图4.13　3号板铰缝损伤横向分布影响线

由图4.13可以看到当铰缝损伤达到90%时，荷载作用在3号板上，3号板的影响线竖标值要明显比铰缝未损伤或铰缝10%～50%的大，其分配到的荷载也越大，而1号板和5号板的影响线竖标值要比其他工况的小，其分配到的荷载也越小。这表明铰缝损伤越严重桥梁的横向传力能力就越弱，越容易形成单板受力。

以上分析表明，铰缝损伤会影响荷载的横向传递，使得荷载无法通过损伤铰缝向左或向右进行有效传递，且铰缝损伤程度越大，对荷载横向传递的影响越大。

4.3.3　板损伤模型

对于板损伤的模拟，通过减小混凝土的弹性模量 E 来实现，将原混凝土弹性模量由 $E_c=3\times10^4$ MPa，分别减小10%、30%、50%，其余数据与原桥模型一致。当弹性模量减小10%时，即 $E_c=2.7\times10^3$ MPa 时3号板加载挠度计算云图如图4.14所示。

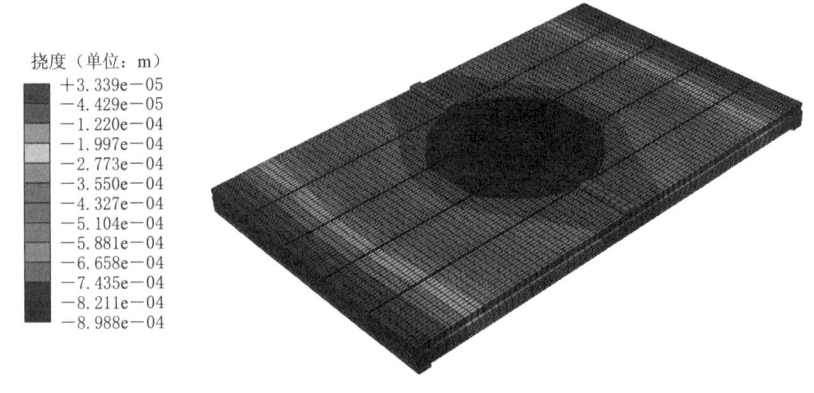

图4.14　板损伤模型挠度云图

由图4.14可以看出，板损伤后在荷载作用下中板位移增大，横向位移分布与原桥模型相比跨中最大位移增大9.8%。

根据运算得到的板损伤模型各板跨中截面挠度，得到各板的横向分布影响线竖标值，见表4.7～表4.9。

表4.7　板损伤10%的各板横向分布影响线竖标值

板号	单位荷载作用位置（i 号板中心）					$\sum\eta_i$
	1	2	3	4	5	
1	0.304	0.238	0.179	0.147	0.132	1.000
2	0.239	0.242	0.206	0.166	0.147	1.000
3	0.180	0.206	0.227	0.206	0.180	1.000

表 4.8　　　　　　　板损伤 30% 的各板横向分布影响线竖标值

板号	单位荷载作用位置（i 号板中心）					$\sum \eta_i$
	1	2	3	4	5	
1	0.307	0.239	0.179	0.145	0.130	1.000
2	0.240	0.243	0.206	0.165	0.146	1.000
3	0.180	0.206	0.228	0.206	0.180	1.000

表 4.9　　　　　　　板损伤 50% 的各板横向分布影响线竖标值

板号	单位荷载作用位置（i 号板中心）					$\sum \eta_i$
	1	2	3	4	5	
1	0.312	0.240	0.178	0.143	0.127	1.000
2	0.242	0.244	0.206	0.164	0.144	1.000
3	0.179	0.207	0.229	0.207	0.179	1.000

3 号板损伤横向分布影响线如图 4.15 所示。

由表 4.1 和表 4.7～表 4.9 以及图 4.15 可以看出，当荷载作用在 3 号板上时随着板损伤的加剧，3 号板损伤横向影响线竖标值逐渐增大，1 号板和 5 号板损伤横向影响线竖标值逐渐减小。这表明当板体出现损伤时，桥梁整体的横向传力性能会降低，容易形成单板受力。

4.3.4　板和铰缝损伤模型

将铰缝的弹性模量减小 90%，由原来的 $E_c = 3 \times 10^4 \mathrm{MPa}$ 减小为 $E_c = 3 \times 10^3 \mathrm{MPa}$ 将板的弹性模量分别减小 10%、30%、50%，其余数据与原桥模型一致。当铰缝损伤 90% 板损伤 10% 时，对 3 号板进行加载，挠度计算云图如图 4.16 所示。

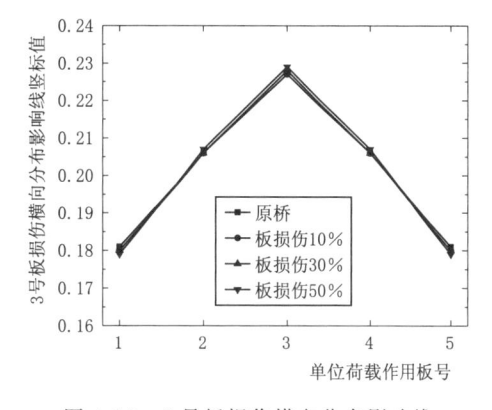

图 4.15　3 号板损伤横向分布影响线

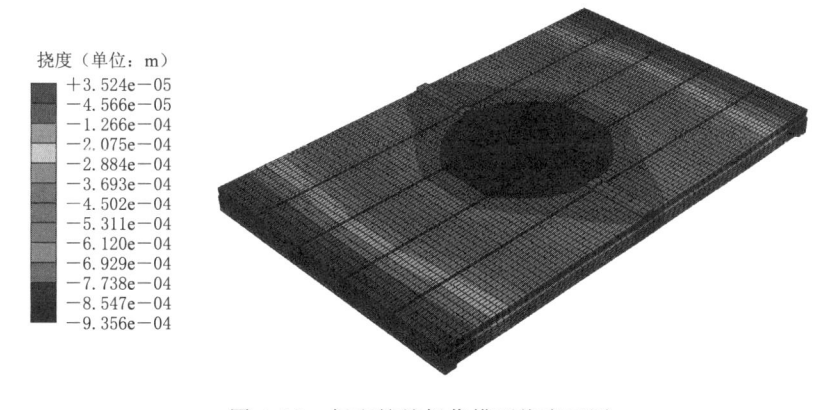

图 4.16　板和铰缝损伤模型挠度云图

由图 4.16 可以看出，板和铰缝损伤后在荷载作用下中板位移增大，横向位移分布与原桥模型相比跨中最大位移增大 13.6%。根据运算得到的板和铰缝损伤模型各板跨中截面挠度，得到各板的横向分布影响线竖标值，见表 4.10～表 4.12。

表 4.10　　铰缝损伤 90% 板损伤 10% 的各板横向分布影响线竖标值

板号	单位荷载作用位置（i 号板中心）					$\sum \eta_i$
	1	2	3	4	5	
1	0.307	0.239	0.178	0.145	0.130	1.000
2	0.240	0.245	0.206	0.164	0.145	1.000
3	0.179	0.206	0.230	0.206	0.179	1.000

表 4.11　　铰缝损伤 90% 板损伤 30% 的各板横向分布影响线竖标值

板号	单位荷载作用位置（i 号板中心）					$\sum \eta_i$
	1	2	3	4	5	
1	0.309	0.240	0.178	0.144	0.129	1.000
2	0.240	0.245	0.206	0.163	0.144	1.000
3	0.178	0.206	0.231	0.206	0.178	1.000

表 4.12　　铰缝损伤 90% 板损伤 50% 的各板横向分布影响线竖标值

板号	单位荷载作用位置（i 号板中心）					$\sum \eta_i$
	1	2	3	4	5	
1	0.313	0.241	0.177	0.142	0.127	1.000
2	0.242	0.247	0.207	0.162	0.143	1.000
3	0.177	0.207	0.231	0.207	0.177	1.000

当铰缝损伤 90% 板损伤 10%、30%、50% 时 3 号板横向分布影响线如图 4.17 所示。

由图 4.17 可以看出，当铰缝损伤一定时，随着板损伤的加剧，桥梁横向联系逐渐减弱，传递荷载的能力逐渐降低。

4.3.5　损伤对比分析

当铰缝损伤、板体损伤、铰缝和板损伤相同程度时，对桥梁横向传力的影响如图 4.18 所示。

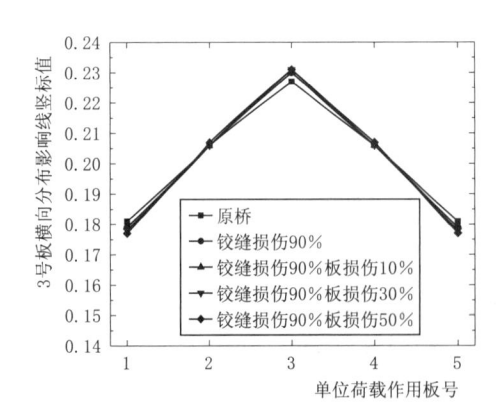

图 4.17　3 号板横向分布影响线

由图 4.18 可以看出，无论是铰缝损伤还是板体损伤都会对桥梁的荷载横向传递造成影响，且损伤程度越高对荷载横向传递造成的影响越大。随着损伤程度的增加，各种损伤工况下对桥梁横向联系的影响为：铰缝和板损伤＞板损伤＞铰缝损伤。各工况下梁底应力见表 4.13 和图 4.19。

(a) 损伤程度10%

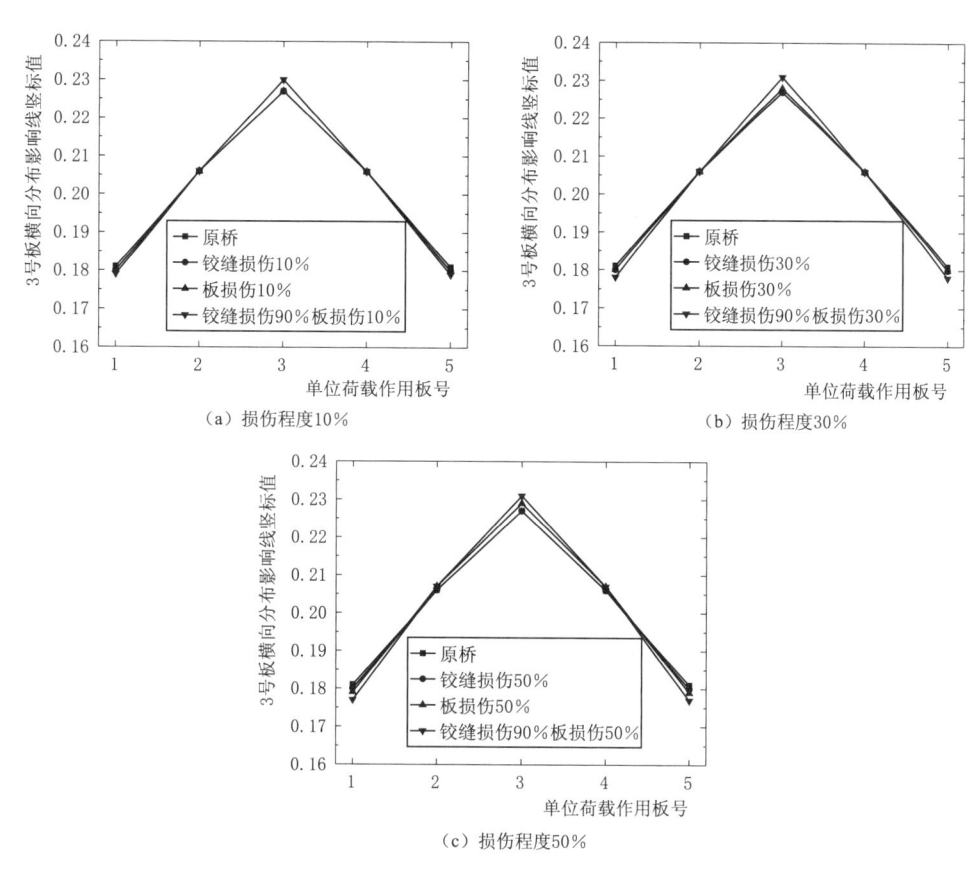

(b) 损伤程度30%

(c) 损伤程度50%

图 4.18　3 号板横向分布影响线

表 4.13　　　　　　　　　　　梁 底 应 力　　　　　　　　　　单位：MPa

工　况	1号板	2号板	3号板	4号板	5号板
原桥	2.206	2.767	3.921	2.767	2.208
铰缝损伤10%	2.208	2.766	3.925	2.817	2.223
铰缝损伤30%	2.215	2.765	3.936	2.816	2.226
铰缝损伤50%	2.215	2.762	3.951	2.815	2.228
铰缝损伤90%	2.212	2.731	4.057	2.786	2.222
板损伤10%	2.155	2.711	3.861	2.761	2.170
板损伤30%	2.014	2.567	3.691	2.614	2.030
板损伤50%	1.808	2.351	3.448	2.397	1.824
铰缝损伤90%板损伤10%	2.161	2.678	3.986	2.732	2.172
铰缝损伤90%板损伤30%	2.029	2.538	3.808	2.592	2.040
铰缝损伤90%板损伤50%	1.832	2.329	3.551	2.381	1.843

由图 4.19（a）可以得出，当铰缝受损时会影响荷载的横向传递，出现单板受力。由图 4.19（b）和图 4.19（c）可以得出，随着板体损伤的加剧，各板的应力整体减小，这

(a) 铰缝损伤

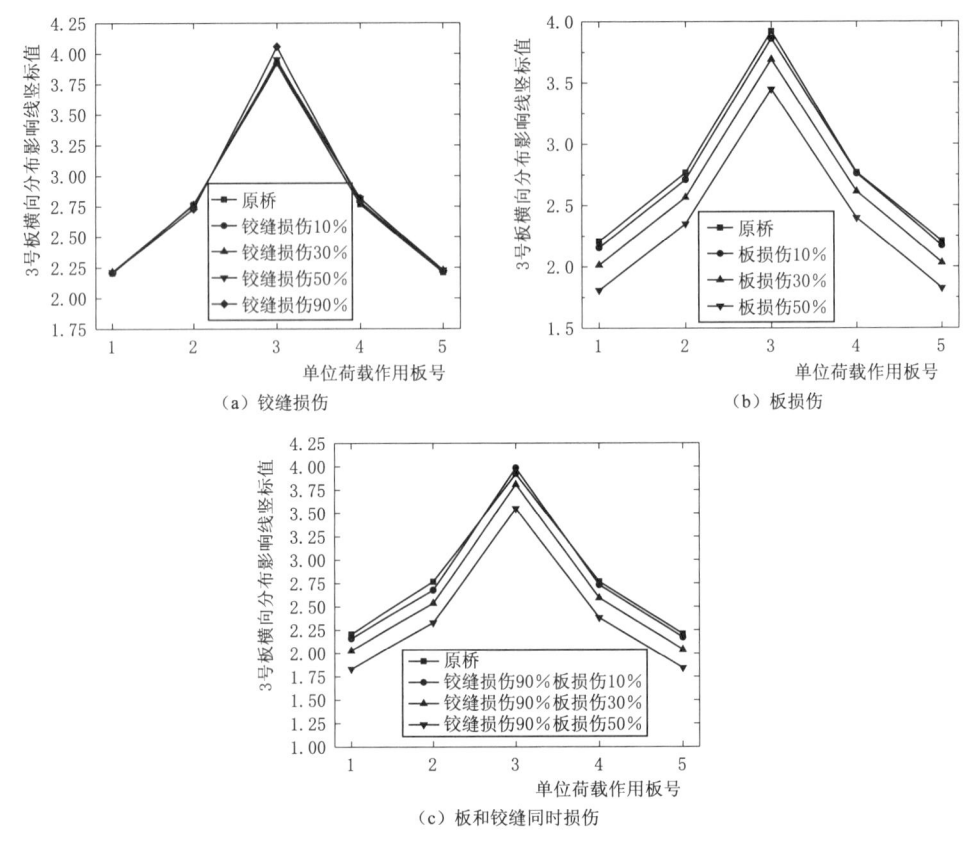

(b) 板损伤

(c) 板和铰缝同时损伤

图 4.19　3 号板梁底应力（单位：MPa）

表明当板体损伤时，损伤板的承载作用将逐渐消失。

4.4　加固设计方案

由检测报告可知，本桥铰缝损伤程度为 90%，现分别采用增大截面加固、粘贴钢板加固、上下捆绑加固、体外预应力加固等方法进行加固，通过有限元软件 ABAQUS 对各加固工况进行建模，获得各加固方案横向分布影响线及梁底应力。最后以跨中截面最大挠度、横向分布系数、梁底应力，以及施工的难易程度、对梁体的损伤等为评定标准进行方案比选，确定最佳加固方案。

4.4.1　增大截面加固

试验和工程实践表明，混凝土桥面铺装层厚度及配筋对板块之间的横向联系有着重要影响。通过增大铺装层厚度，使各主梁形成整体共同受力，可以有效改善桥梁的荷载横向分布能力，防止单板受力。在桥面高程允许的情况下，适当的加大混凝土桥面铺装层厚度或将沥青混凝土桥面改为混凝土桥面，是解决空心（实心）板桥单板受力过大问题的方法之一。

本设计拟将原已破损的桥面铺装全部拆除，在空心板顶面加铺一层厚度为 $h'_c =100\text{mm}$ 的 C30 混凝土，如图 4.20 所示。

采用有限元软件 ABAQUS 建立增大截面加固模型，为简化计算将实桥尺寸缩小 1/5，新增混硬土截面采用三维二节点实体缩减积分单元（C3D8R），材料与梁体相同，其中新增混凝土板与梁体和铰缝之间采用 Tie 约束。根据荷载横向分布的概念，单位荷载取 10kN，并将其分别作用在各板的跨中位置，计算各板跨中挠度。对 3 号板进行加载，挠度计算云图如图 4.21 所示。

根据运算得到的各板跨中截面挠度，得到各板的横向分布影响线竖标值，见表 4.14。

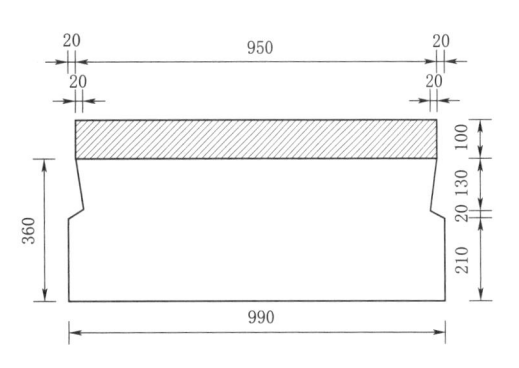

图 4.20 增大截面加固设计图

图 4.21 增大截面加固模型挠度云图

表 4.14　　　　　增大截面模型各板横向分布影响线竖标值

板号	单位荷载作用位置（i 号板中心）					合计
	1	2	3	4	5	
1	0.299	0.236	0.185	0.150	0.130	1.000
2	0.239	0.231	0.204	0.174	0.152	1.000
3	0.188	0.204	0.216	0.204	0.188	1.000

由表 4.14 可以得到各板的横向分布影响线，如图 4.22 所示。

4.4.2 粘贴钢板加固

对于单板受力较为严重的空心（实心）板桥，可在板底加焊连接钢板，变铰接为刚性连接，提高空心（实心）板的横向联系。本设计拟在梁底横向粘贴厚度为 10mm 宽度为 200mm 的 Q345 钢板，梁底钢板布置示意图如图 4.23 所示。

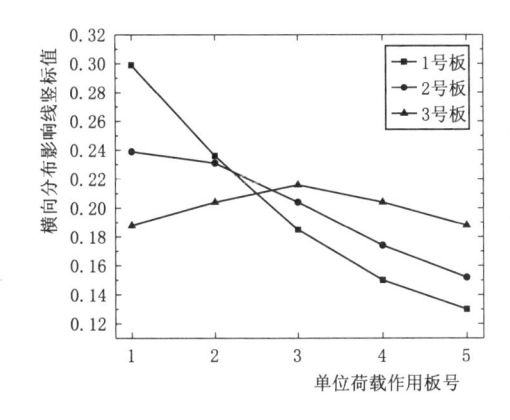

图 4.22 增大截面加固各板横向分布影响线

采用有限元软件 ABAQUS 建立粘贴钢板

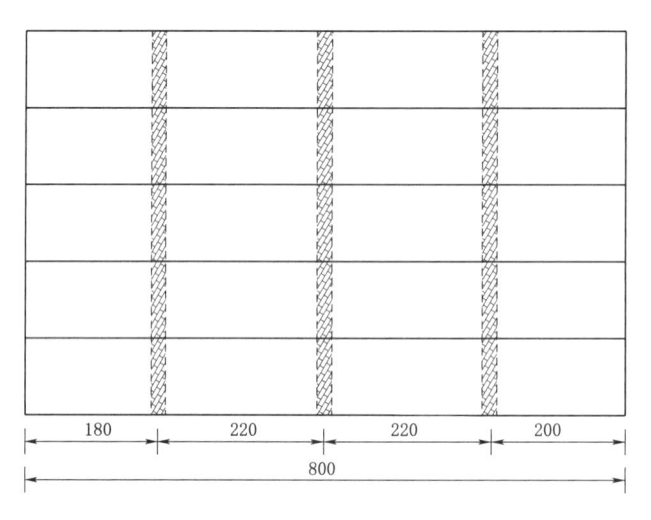

图 4.23 梁底钢板布置示意图（单位：cm）

加固模型，钢板采用四节点缩减积分四边形壳单元（S4R），为简化计算将实桥尺寸缩小 1/5，钢板和梁体之间采用 Tie 约束。

根据荷载横向分布的概念，单位荷载取 10kN，并将其分别作用在各板的跨中位置，计算各板跨中挠度，对 3 号板进行加载，挠度计算云图如图 4.24 所示。

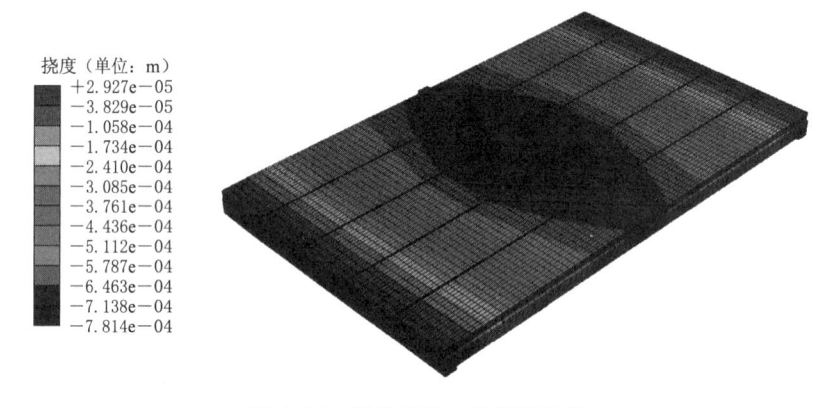

图 4.24 粘贴钢板加固挠度云图

根据运算得到各板跨中截面挠度，由式（4.1）得到各板的横向分布影响线竖标值，见表 4.15。

表 4.15　　　　　　　粘贴钢板模型各板横向分布影响线竖标值

板号	单位荷载作用位置（i 号板中心）					$\Sigma \eta_i$
	1	2	3	4	5	
1	0.297	0.236	0.186	0.151	0.130	1.000
2	0.239	0.232	0.204	0.173	0.153	1.000
3	0.188	0.204	0.216	0.204	0.188	1.000

由表 4.15 可以得到各板的横向分布影响线,如图 4.25 所示。

4.4.3 上下捆绑法加固

上下捆绑法是采用钢横梁增强混凝土空心(实心)板桥的横向整体性,从而避免产生单板受力的一种加固方法。在空心(实心)板跨中或者其他位置布置上下对称的钢横梁,并通过螺杆将上下钢横梁连接起来,使每块板在横向连接处形成刚度较大的横隔梁体系,从而提高板间的竖向抗剪切能力,使得桥面板受到的力能更好地传递到其他各板上去。

本设计采用上下捆绑法加强桥面板之间的横向联系,具体为在桥跨底板横向粘贴通长槽钢(20#b)(规格为 200m×73mm×7mm),顶板对应位置粘贴厚度 10mm 的钢板,并在铰缝处贯穿 M20 螺栓将上下钢构件连成一体,具体结构示图如图 4.26 所示。

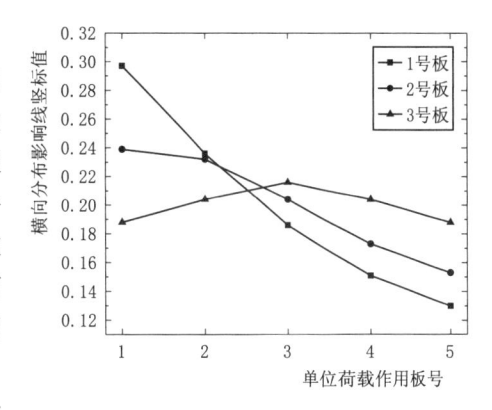

图 4.25 粘贴钢板加固横向分布影响线

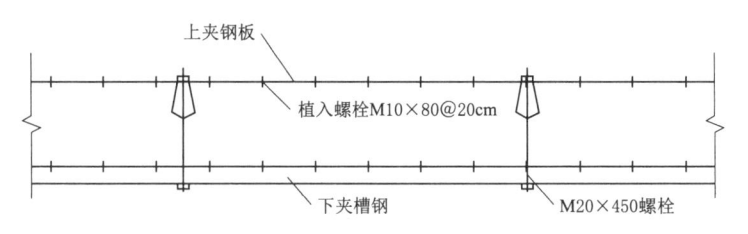

图 4.26 上下捆绑法加固设计图

采用有限元软件 ABAQUS 建立上下捆绑加固模型,钢板和槽钢均采用四节点缩减积分四边形壳单元(S4R),为简化计算将实桥尺寸缩小 1/5,钢板、槽钢和梁体之间采用 Tie 约束。根据荷载横向分布的概念,单位荷载取 10kN,并将其分别作用在各板的跨中位置,计算各板跨中挠度。对 3 号板进行加载,挠度计算云图如图 4.27 所示。

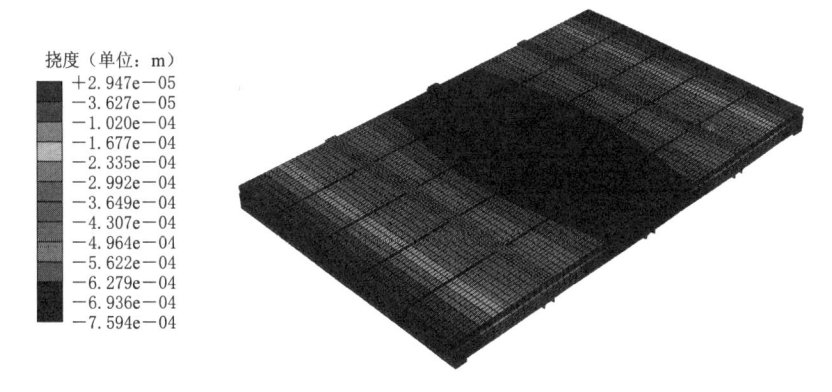

图 4.27 上下捆绑加固挠度云图

根据运算得到的各板跨中截面挠度,由式(4.1)得到各板的横向分布影响线竖标值,见表 4.16。

表 4.16　　　　　　　上下捆绑加固模型各板横向分布影响线竖标值

板号	单位荷载作用位置（i 号板中心）					$\sum \eta_i$
	1	2	3	4	5	
1	0.289	0.236	0.192	0.155	0.128	1.000
2	0.238	0.226	0.202	0.177	0.157	1.000
3	0.193	0.202	0.209	0.202	0.194	1.000

由表 4.16 可以得到各板的横向分布影响线，如图 4.28 所示。

4.4.4　体外预应力加固

空心（实心）板桥横向体外预应力加固是在跨中段板底处设置锚固在两侧边板侧壁的横向预应力筋，通过横向预加力的作用使铰缝混凝土受压，从而增强板块之间的横向联系。本桥拟采用 5 束 5Φ^s15.2 无粘结体外预应力钢绞线进行加固，钢绞线标准强度 f_{pk} 为 1860MPa，张拉控制力为 100kN，体外预应力加固布置如图 4.29 所示。

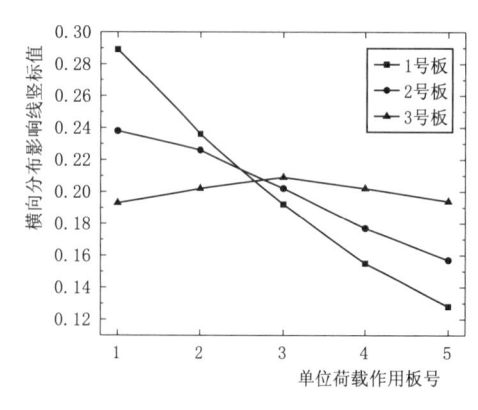

图 4.28　上下捆绑加固各板横向分布影响线

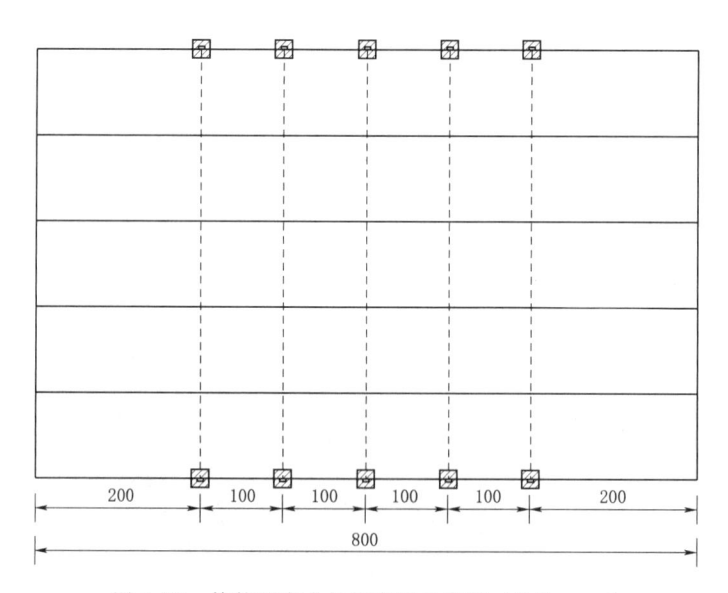

图 4.29　体外预应力加固布置示意图（单位：cm）

采用有限元软件 ABAQUS 建立体外预应力加固模型，对于预应力的施加采用等效荷载法，通过在板两侧施加压强来模拟横向体外预应力。根据荷载横向分布的概念，单位荷载取 10kN，并将其分别作用在各板的跨中位置，计算各板跨中挠度。对 3 号板进行加载，挠度计算云图如图 4.30 所示。

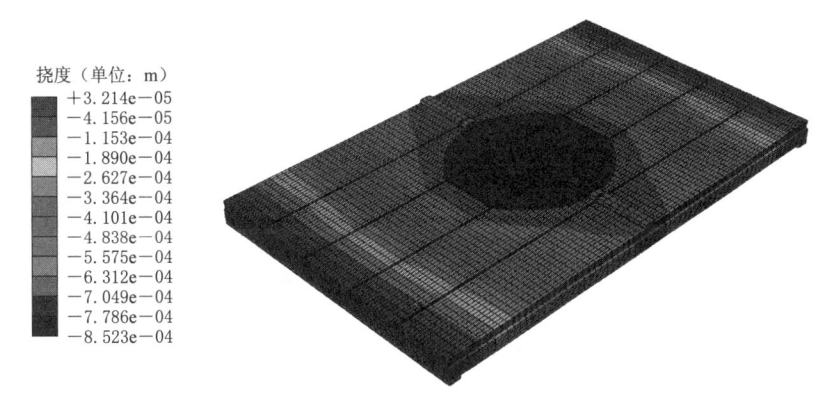

图 4.30　体外预应力加固挠度云图

根据运算得到的各板跨中截面挠度和各板的横向分布影响线竖标值，见表 4.17。

表 4.17　体外预应力加固模型各板横向分布影响线竖标值

板号	单位荷载作用位置（i 号板中心）					$\sum \eta_i$
	1	2	3	4	5	
1	0.306	0.239	0.179	0.146	0.131	1.000
2	0.239	0.245	0.206	0.164	0.146	1.000
3	0.179	0.206	0.230	0.206	0.179	1.000

由表 4.17 可以得到各板的横向分布影响线，如图 4.31 所示。

4.5　加固方案比选

4.5.1　横向分布影响线对比分析

为了从理论上评价各加固方案的加固效果，对 1～3 号板加固前后的荷载横向分布影响线进行了比较，如图 4.32 所示。

由图 4.32 可以知，相比于原桥模型和其他加固方法，采用上下捆绑的加固方法，荷载横向分布影响线更加平缓，各板间的协同作用增

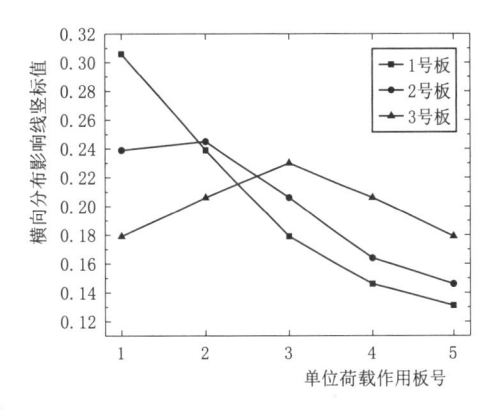

图 4.31　体外预应力加固各板横向分布影响线

强；与铰缝损伤模型相比，采用上下捆绑加固法，可以使单板受力向多板协同受力转变；这表明采用上下捆绑加固法能较大程度地改善装配式混凝土空心板桥的荷载横向分布，减小单板受力现象的发生，增大板间的横向联系。

4.5.2　梁底应力对比分析

当荷载作用于 3 号板跨中时，各加固方案的梁底应力见表 4.18 和图 4.33 所示。

第 4 章　城市装配式混凝土板梁桥横向加固实例

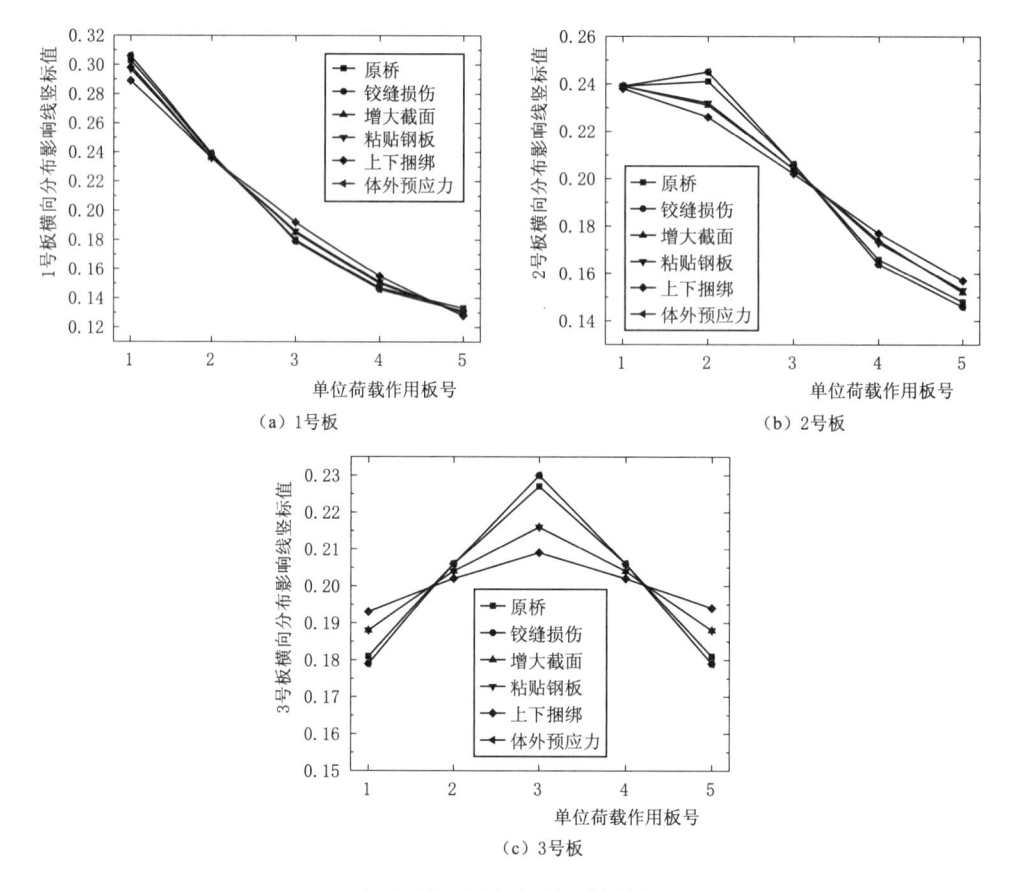

(a) 1号板

(b) 2号板

(c) 3号板

图 4.32　横向分布影响线值

由图 4.32、图 4.33 和表 4.18 可以看出，采用上下捆绑加固法可以使各板的跨中位移均匀分布，协同受力，能有效地减小梁底应力，提高板梁的刚度和承载能力。

表 4.18　　　　　　　　　各加固方案的梁板底应力　　　　　　　　单位：MPa

加固方案	1号板	2号板	3号板	4号板	5号板
原桥	2.206	2.767	3.921	2.767	2.208
铰缝损伤	2.212	2.731	4.057	2.786	2.222
增大截面	1.621	1.954	2.575	1.976	1.630
粘贴钢板	1.260	1.460	1.954	1.487	1.277
上下捆绑	1.533	1.708	2.149	1.731	1.545
体外预应力	2.211	2.730	4.055	2.785	2.220

现对上节的四种加固方法进行对比，以各板跨中挠度应力减小、对桥梁损伤程度、施工的难易程度、经济、对环境的影响为比选原则，选择最合理的加固法案进行桥梁加固。

1. 增大截面和配筋加固

优点：能够有效改善原结构的受为状态，减小跨中挠度和梁底应力，较大的提高结构的承重刚度与抗裂性能。

缺点：在施工过程中，湿作业的工作量较大，影响交通，混凝土要有较长的养护期；桥面标高相应增加 100mm，影响与线路的衔接，新旧混凝土之间的黏结力难以保障。

2. 粘贴钢板加固

优点：虽然有较高的质量要求，但由于施工简便，不需要高级的技术人员就可完成，施工速度快；能够约束结构的变形，有效增加结构的刚度和抗裂性能，充分发挥钢板的抗剪性能、抗弯性能。

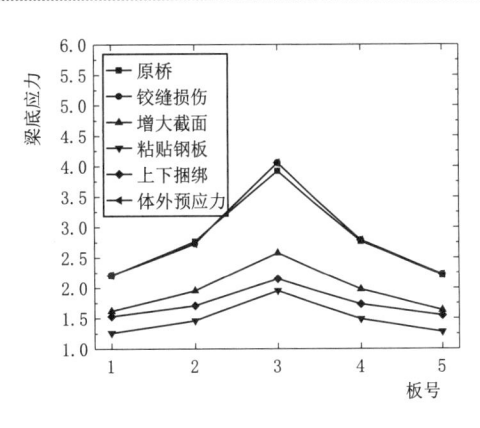

图 4.33 各工况板梁底应力图
（单位：MPa）

缺点：主梁截面的尺寸发生改变，对桥下的净空会有影响；与原结构不能达到很好的共同受力的效果；螺栓的锚固会对主梁造成一定损伤。

3. 上下捆绑法加固

优点：构造比较简单，同时一跨只需要一根或几根钢横梁来进行加固，所用的材料较少；现场湿作业量少，施工迅速，对生产、生活影响小，并并且加固后对原结构尺寸没有显著的影响。

缺点：螺栓的锚固会对主梁造成一定损伤。

4. 体外预应力加固

优点：对原结构的自重影响较小，能够有效地改善原结构的受力状态，提高结构的承重刚度与抗裂性能；对墩台和基础受力几乎没有影响，不需要对墩台和基础进行额外加固；在加固施工过程中，无需封闭桥上交通，桥梁可以继续保持通行。

缺点：由于加固后预应力筋和相关构件长期的显露在外面，环境因素对其影响很大，容易引起锈蚀；在施工过程中，该加固方法工艺复杂，而且后期需要花费大量的财力来对其进行养护；施加横向预应力后，桥面铺装层混凝土易产生横向拉应力，若处理不当，对结构的耐久性将产生不利影响，采用体外预应力加固会对铰缝损伤的梁体产生附加内力，如果设计不当可能会对桥梁造成损伤。

通过对上述加固方案的优缺点进行分析可知，宜采用上下捆绑的加固方案对桥梁进行加固。

4.6 加固方案及施工方法

4.6.1 加固方案

本设计采用上下捆绑法加强桥面板横向联系，具体为在桥跨底板横向粘贴通长槽钢（20♯b）（规格为 200mm×73mm×7mm），顶板对应位置粘贴厚度 10mm 的钢板，并在铰缝处贯穿 M20 螺栓将上下钢构件连成一体，具体设计如图 4.34～图 4.49 所示。

第 4 章 城市装配式混凝土板梁桥横向加固实例

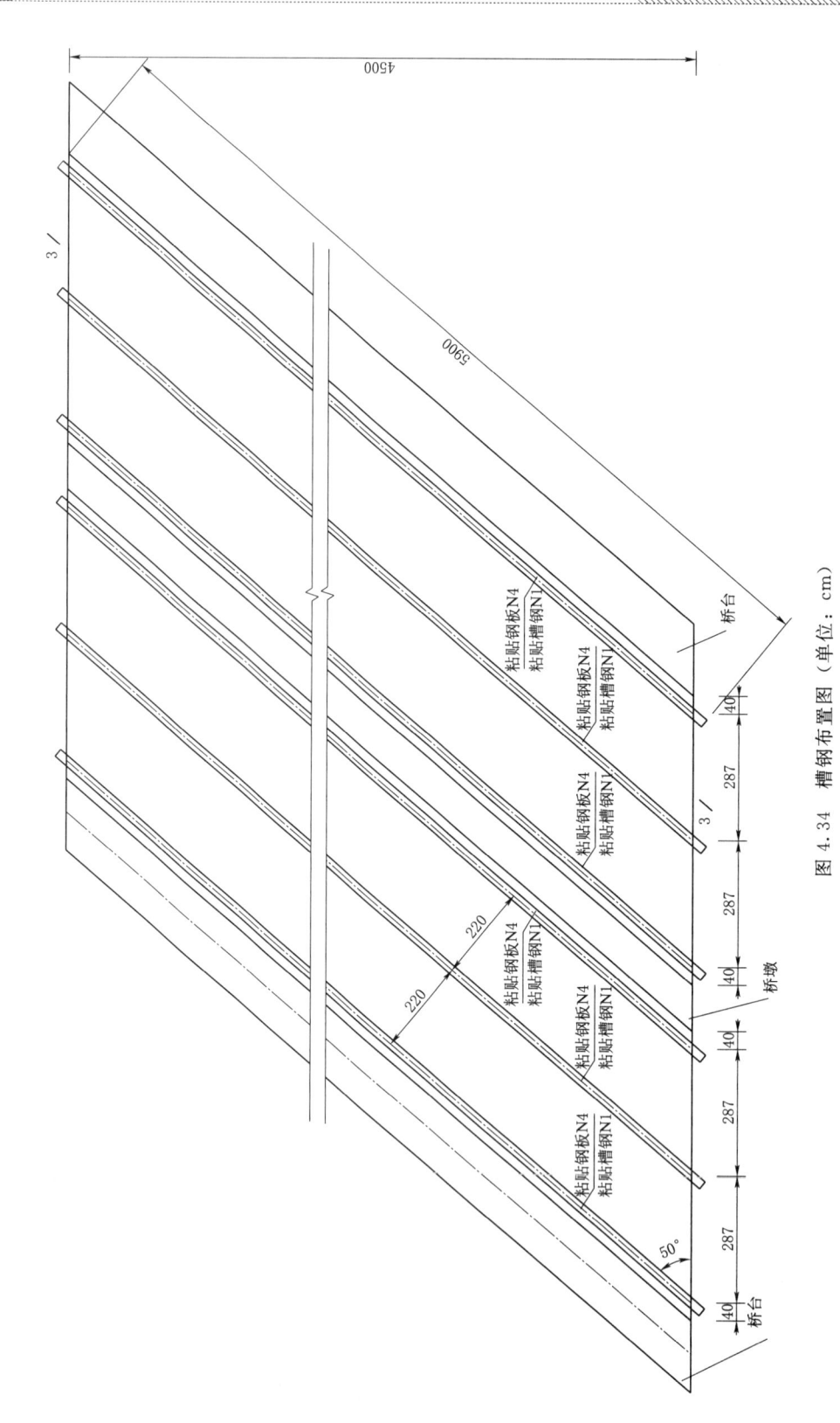

图 4.34 槽钢布置图（单位：cm）

4.6 加固方案及施工方法

图 4.35 槽钢 N1-1 大样图（单位：cm）

图 4.36 槽钢 N1-2 大样图（单位：cm）

图 4.37 槽钢 N1-3 大样图（单位：cm）

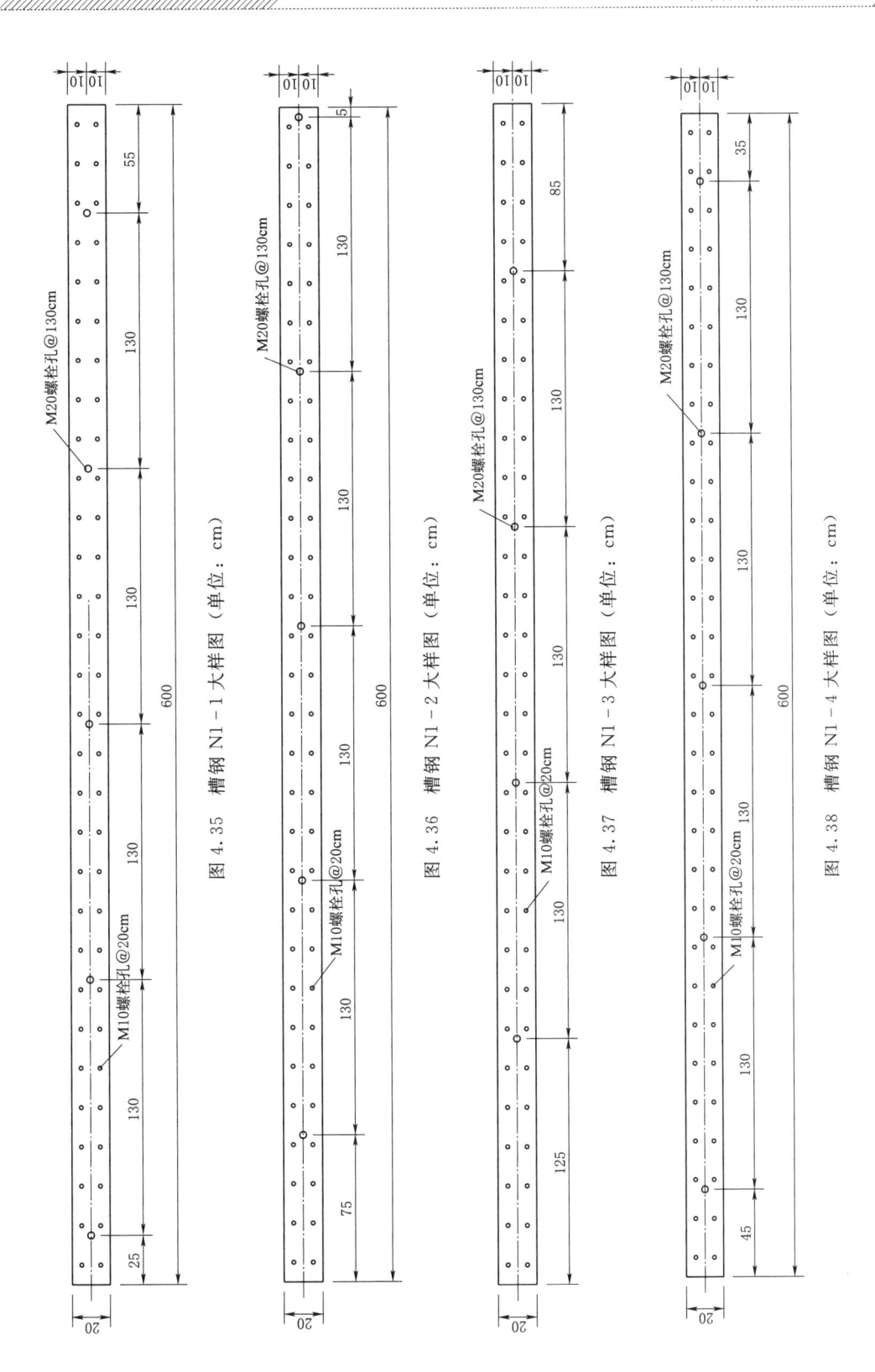

图 4.38 槽钢 N1-4 大样图（单位：cm）

图 4.39 槽钢 N1-5 大样图（单位：cm）

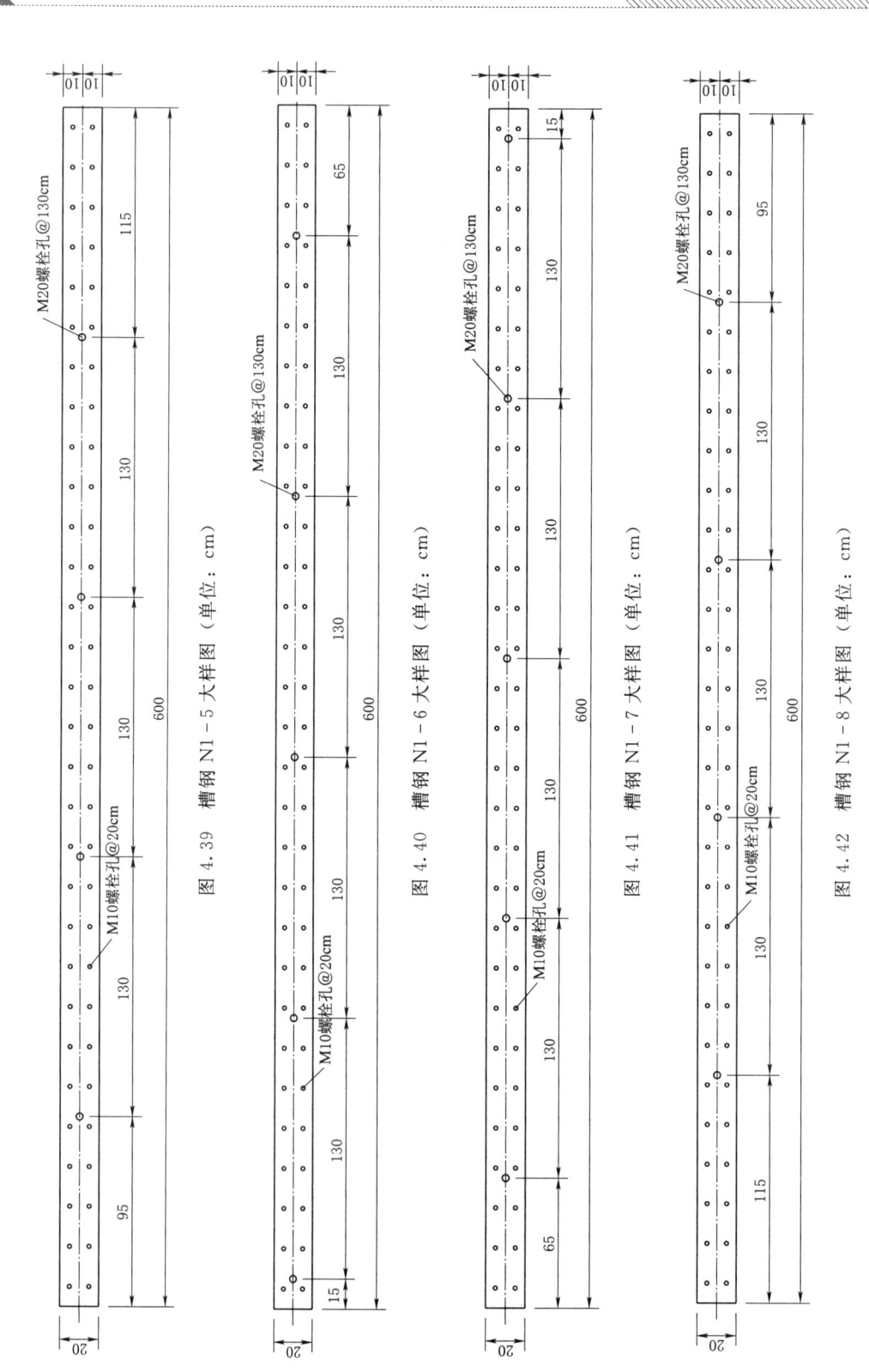

图 4.40 槽钢 N1-6 大样图（单位：cm）

图 4.41 槽钢 N1-7 大样图（单位：cm）

图 4.42 槽钢 N1-8 大样图（单位：cm）

图 4.43 槽钢 N1-9 大样图（单位：cm）

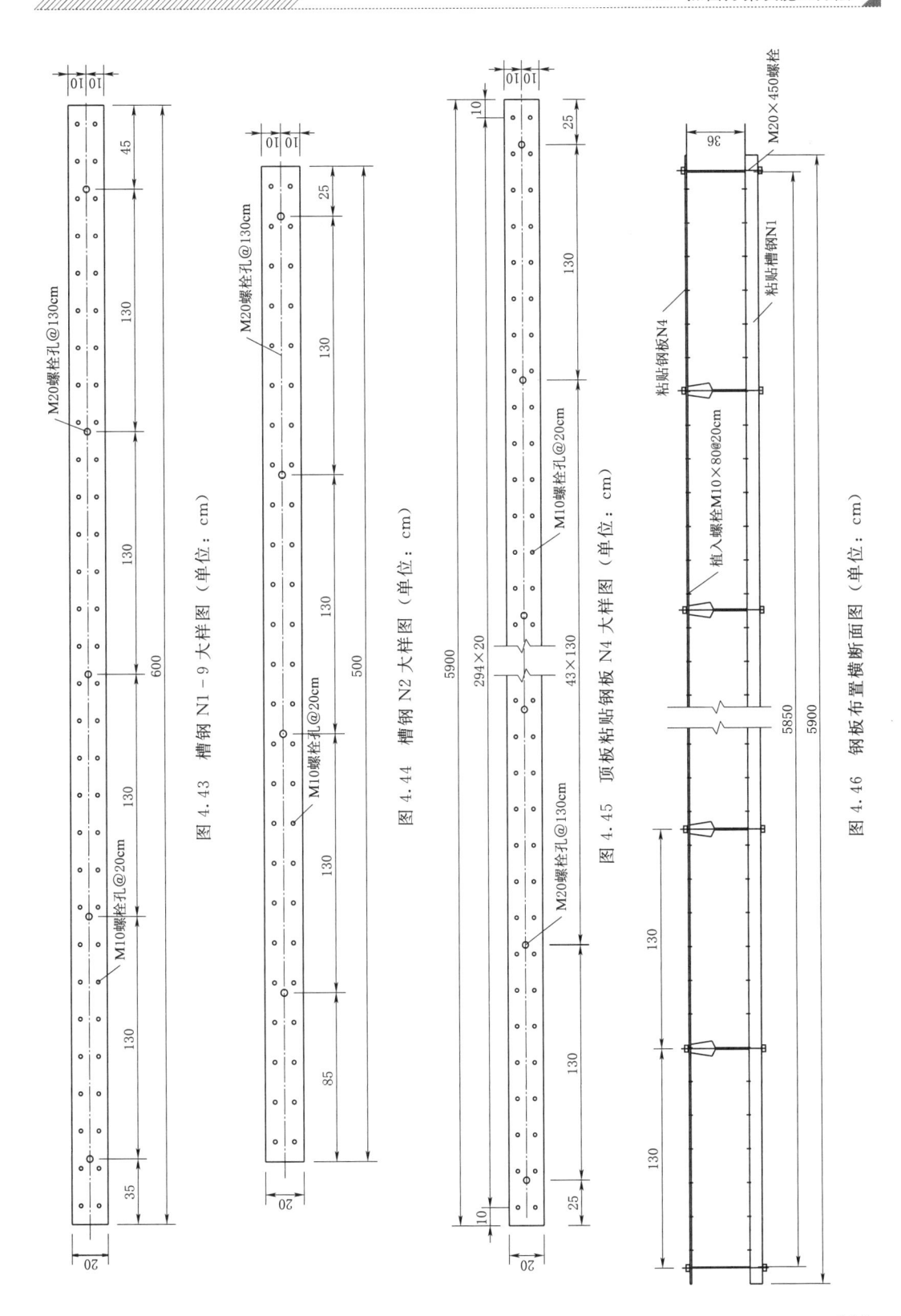

图 4.44 槽钢 N2 大样图（单位：cm）

图 4.45 顶板粘贴钢板 N4 大样图（单位：cm）

图 4.46 钢板布置横断面图（单位：cm）

115

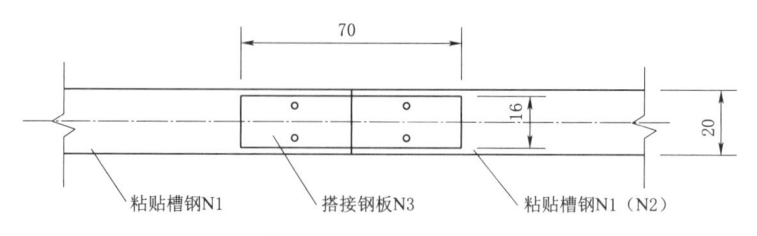

图 4.47 粘贴槽钢搭接示意图（单位：cm）

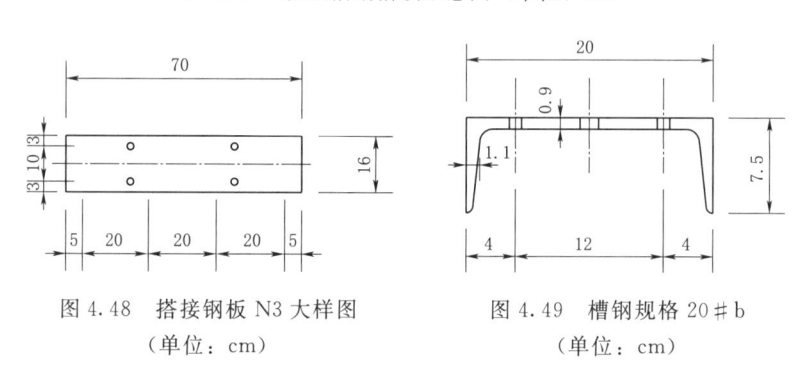

图 4.48 搭接钢板 N3 大样图
（单位：cm）

图 4.49 槽钢规格 20♯b
（单位：cm）

4.6.2 施工工艺及要点

1. 粘贴槽钢工艺及流程

粘贴槽钢采用压力注胶粘贴，加固施工工艺流程如图 4.50 所示。

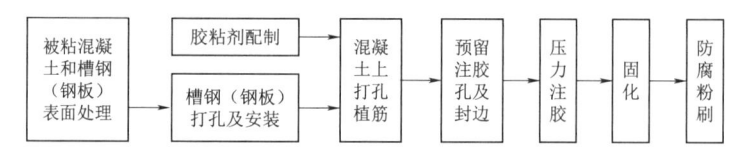

图 4.50 粘贴槽钢（钢板）流程图

检验与验收应满足以下要求：

（1）锚栓的植入深度应符合设计要求，钻孔深度偏差不应大于 5mm。

（2）目测槽钢（钢板）边缘的溢胶，色泽应均匀，胶体应固化。

（3）槽钢（钢板）的有效黏结面积应不小于 95%，可采用以下三种方法检查：敲击检测法、超声波检测法、红外线检测法。

（4）槽钢（钢板）与原混凝土间的正拉黏结强度不应小于 2.5MPa。

2. 桥面铺装更换

拆除施工工艺流程：桥面铺装沥青混凝土层拆除→垃圾外运→工作面冲洗干净→检查→桥面板缺陷修补。

注意事项：桥面混凝土铺装层的凿除工作可采用风镐拆除；所拆除下来的混凝土块应及时运出施工现场，保持施工现场整洁；对于在施工过程中造成的质量缺陷应经得监理工程师或业主代表同意后，采用同标混凝土（或高标号修补砂浆）进行修补。修补时应视缺陷大小布置钢丝网，并加强养护。

桥面铺装更换施工工艺流程：测量放线→扎桥面钢筋网→设置高程控制带→浇筑混凝

土→养护。

注意事项：桥面铺装施工前必须对梁顶面高程进行复测，若与设计标高有误差，应综合考虑确保桥面铺装厚度和纵横坡等因素进行调坡，调坡方案须监理审批后方可实施；宜在梁顶面预埋桥面铺装层钢筋网定位钢筋（纵、横间距50～100cm的短钢筋），严格控制铺装层钢筋的标高定位，确保钢筋网竖向位置控制在设计值偏差范围内；在沥青层施工前，施工单位应对水泥混凝土表面进行处理粗糙度，除掉浮浆，加强层间联结。

4.7 本章小结

本章主要采用有限元计算来进行对比分析，并将铰接板法计算结果与有限元计算结果进行对比，以验证所建模型的准确性。首先通过将原桥模型、板损伤模型、铰缝损伤模型、板和铰缝损伤模型进行对比得出各种损伤工况下对桥梁横向联系的影响为：铰缝和板损伤＞板损伤＞铰缝损伤。接着针对铰缝损伤进行加固设计并比较各加固方案，增大截面加固可以有效地减小跨中挠度与梁底应力，但由于增大了桥面标高，影响与路面的衔接故不宜采用；体外预应力加固法加固效果不明显，并且会对梁体造成损伤，甚至会对桥梁产生附加内力故不建议采用；粘贴钢板加固和上下捆绑加固都能有效改善桥梁的受力状态，增强梁板间的横向连接，但通过比较可以发现上下捆绑法的加固效果要优于粘贴钢板加固法。上下捆绑加固法通过螺栓将槽钢、梁体、钢板紧紧捆绑在一起，有效地增强了板梁之间的横向联系，使板梁受力更加均匀，并且显著提高了桥梁的刚度和承载能力，故采用上下捆绑加固法较合适。

参考文献

[1] 袁桂芳. 装配式板梁铰缝损伤识别模型的研究 [J]. 公路, 2017, 08 (v.62): 80-86.
[2] 王渠, 吴庆雄, 陈宝春. 装配式空心板桥铰缝破坏模式试验研究 [C]. 全国结构工程学术会议. 2014.
[3] 李胜利, 石鸿帅, 毋光明, 等. 声发射技术在混凝土空心板桥裂缝检测中的应用 [J]. 桥梁建设, 2017 (5): 83-88.
[4] 唐洪亮, 于世华. 空心板梁横向连接加固处治方法研究 [J]. 公路, 2018, 063 (3): 138-141.
[5] 张澄, 魏洋, 王志远. 空心板桥铰缝采用锚固联结钢板加固技术模型试验研究 [J]. 公路, 2019 (5): 166-170.
[6] 周正茂, 袁桂芳, 田清勇. 预支装配式板梁桥的模型修正方法 [J]. 西南交通大学学报, 2015, 50 (4): 623-629.
[7] 中华人民共和国住房和城乡建设部. CJJ 99—2017 城市桥梁养护技术规范 [S]. 北京: 中国建筑工业出版社, 2017.
[8] 河南省住房和城乡建设厅. DBJ41/T 127—2013 城市桥梁检测技术规程 [M]. 郑州: 郑州大学出版社, 2013.
[9] 张树仁. 桥梁病害诊断与加固设计 [M]. 北京: 人民交通出版社, 2013.

[10] 王玉镯, 傅传国. ABAQUS结构工程分析及实例详解 [M]. 北京: 中国建筑工业出版社, 2010.
[11] 张云娜. 施加横向体外预应力加固装配式空心板桥的研究 [D]. 郑州: 郑州大学, 2007.
[12] 杜红静. 装配式空心板桥横向加固结构分析方法研究 [D]. 西安: 长安大学, 2012.
[13] 李春良, 林志豪, 赵珞珞. 铰缝及板损伤后对空心板桥横向受力的影响 [J]. 吉林大学学报（工学版）, 2021, 51 (2): 611-619.
[14] 陈淮, 张云娜. 施加横向预应力加固装配式空心板桥研究 [J]. 公路交通科技, 2008.

第5章 城市装配式混凝土板梁桥支座更换实例

5.1 引言

桥梁支座是连接桥梁上部结构和下部结构的重要部件，它能将桥梁上部结构承受的荷载和变形（位移和转角）可靠地传递给桥梁下部结构，是桥梁的重要传力装置[1]，支座的稳定性和安全性直接影响着桥梁的使用寿命和安全运行。由于长期使用、环境变化、地震等因素的影响，支座可能会出现各种损坏或变形，如裂缝、变形、松动等，这些问题都会对桥梁的承载能力、稳定性和安全性产生严重的影响。本章首先介绍公路桥梁橡胶支座的几种病害类型，并通过有限元软件分析支座脱空对桥梁造成的影响，然后介绍更换桥梁支座的顶升方法，最后结合支座更换实例给出具体施工工艺和流程。

5.2 支座检查与病害

5.2.1 支座检查

对桥梁结构的支座进行定期检查，及时发现并处理支座的问题，可以保证桥梁的安全运行，延长桥梁的使用寿命。同时，检查支座还可以为后续的维修和加固提供重要的依据和基础数据。

支座的检查是桥梁维护保养的重要组成部分，能够及时发现并处理支座性能的变化，确保支座正常功能的发挥。检查工作通常包括日常检查、定期检查和详细检查等环节。在制定检查计划时，应考虑公路和桥梁的重要程度、桥梁形式以及所处环境条件等因素的影响，确定合理的检查频率和内容。

由于支座周围的尘土和杂物的进入是导致支座功能逐年降低的主要原因之一，因此在进行支座检查时，通常还需要同时进行清扫等维护工作。定期清除杂物和污垢可以保持支座表面清洁，延长支座的使用寿命。在检查过程中，如果发现支座存在问题，应根据问题的原因提出相应的处理意见，并及时进行维修或更换，这样可以避免问题进一步扩大，确保桥梁的安全运行。

桥梁支座检查的基本工序如图5.1所示。

5.2.2 板式橡胶支座病害

1. 支座脱空

脱空是板式橡胶支座最常见的病害形式，脱空的主要原因是成桥后桥梁上部结构发生

第 5 章　城市装配式混凝土板梁桥支座更换实例

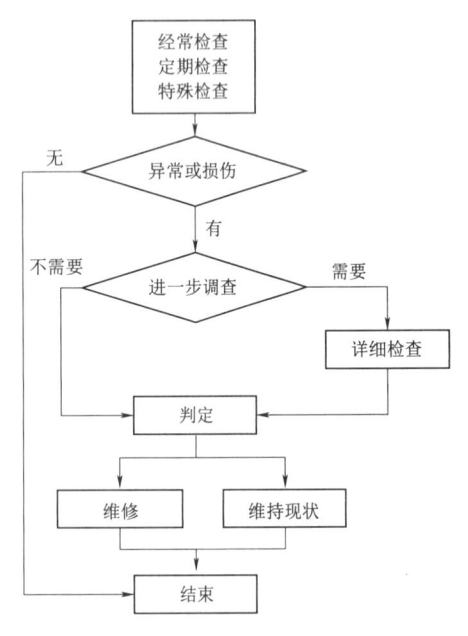

图 5.1　支座检查工序图

徐变。此外，梁板预制不精确、架梁不精确以及支座垫石和梁底钢板不水平也会造成支座脱空[2]。如图 5.2 所示，支座局部偏压明显，支座顶面与梁底脱空，支座底面与垫石局部脱空[3]。

2. 变形异常

变形异常包括剪切变形、挤压变形、不规则变形等，产生的原因大多是因为落梁时不够平稳，支座存在较大的初始剪切变形。板式橡胶支座产生的不可恢复的剪切或挤压变形，减小了板式橡胶支座的承载面积，导致实际应力高于设计应力，长期超荷作用会导致板式橡胶支座压溃[4]，剪切变形如图 5.3 所示。若支座剪切变形较大，超过剪切变形的设计允许值，将形成永久剪切变形。

挤压变形如图 5.4 所示，整个支座外鼓量较大，能明显看出分层现象，压缩变形量大，胶层开裂严重。

图 5.2　支座脱空

图 5.3　剪切变形

图 5.4　挤压变形

图 5.5　支座开裂

3. 开裂

开裂同样是板式橡胶支座常见的病害形式，开裂的主要原因有：施工因素、支座质量问题、超载车辆的影响等。开裂后支座外围橡胶作为保护层已经失去了保护作用，外部腐蚀介质将直接侵蚀内部橡胶及加劲钢板，加速板式橡胶支座失效，缩短其使用寿命，最终导致支座压溃[4]。如图 5.5 所示，支座出现严重不规则裂纹，裂纹宽度大于 2mm，水平裂纹长度≥相应边长50%，中间胶层严重破裂，支座呈破损状态。

4. 支座不能正常滑动

支座不能正常滑动的原因有：滑动支座聚四氟乙烯滑板倒置、滑动支座不锈钢板脱落、聚四氟乙烯滑板磨损导致摩阻力较大等，如图5.6～图5.8所示。

图5.6　聚四氟乙烯滑板倒置 　　　　　图5.7　不锈钢板脱落

5.2.3　盆式橡胶支座病害

1. 竖向压缩超限

盆式橡胶支座竖向压缩超限会导致钢盆内橡胶被严重挤出，从而导致支座失效，如图5.9所示。

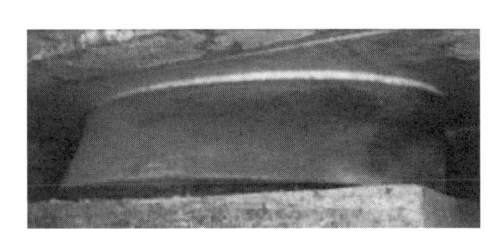

图5.8　聚四氟乙烯滑板磨损 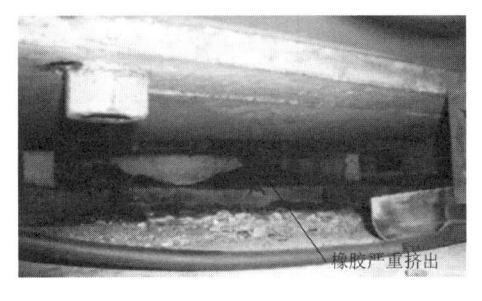　　　　　图5.9　竖向压缩超限破坏

2. 局部偏压

局部偏压过大会使上承压板严重倾斜，导致支座转角过大不能转动，如图5.10所示。

3. 安装缺陷

盆式橡胶支座安装缺陷主要是锚固螺栓孔未注浆，如图5.11所示。

图5.10　局部偏压 　　　　　图5.11　安装缺陷

根据对以上支座病害进行分析可知,无论是变形、开裂、剪切、支座方向反置或支座主体压溃,最终均会导致梁体一端支座局部脱落或完全脱落,从而加速梁下其他支座产生病害甚至失效,导致桥梁结构出现损伤[4]。

5.3 支座脱空对桥梁的影响分析

支座脱空是桥梁支座最常见的病害,当梁体和支座出现脱空之后,在车辆的长期荷载作用下,梁体会产生竖直方向的震颤和位移,导致桥面铺装层损伤,严重情况下,会使梁体出现损坏,缩短桥梁的使用寿命。本节通过有限元软件 ABAQUS 对南干赵定桥进行支座脱空模拟,分析支座脱空对桥梁的影响。考虑到桥面板横向分布的特点,当某一块板受力时,向相邻板传递以邻近的两块板为主,故五块板即能反映横向分布特点。为了简化计算,将原桥尺寸缩小 1/5,模型编号原则为:$Z=0$m 为 A 端,$Z=2.592$m 为 B 端,以 A 端区分左右,板体和铰缝的编号从左向右依次增大。由于每块板梁下面仅有四个支座,故支座编号为:A 端,$A1-1$、$A1-2$、$A2-1$、$A2-2$ 以此类推。B 端,$B1-1$、$B1-2$、$B2-1$、$B2-2$ 以此类推,如图 5.12 所示。

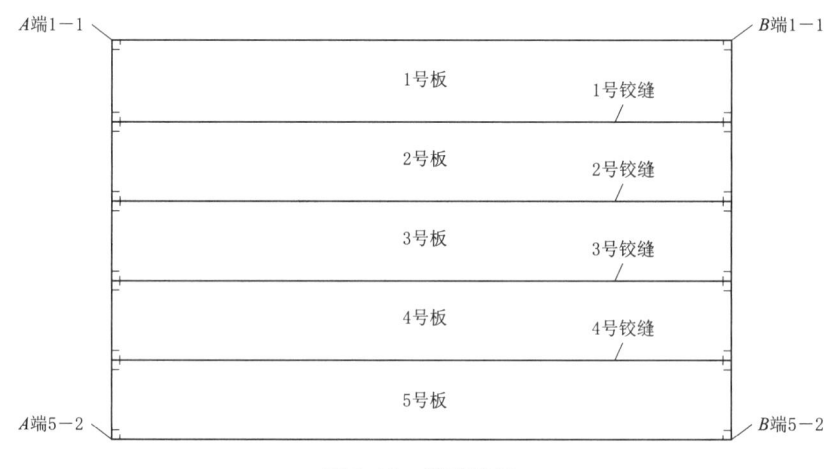

图 5.12 模型编号

5.3.1 原桥模型建立

1. 单元选择

混凝土采用三维实体缩减积分单元(C3D8R),钢筋采用三维实体桁架单元(T3D2)。

2. 模型建立

分别建立空心板和铰缝部件,且所有材料均为线弹性体,所采用的坐标轴 X、Y、Z 方向分别与桥梁的横、竖、纵向一致。边界条件为:$Z=0$m,一端约束顺桥向和竖桥向位移,$Z=2.592$m,一端约束竖桥向位移,仅约束右侧边板横桥向位移。根据荷载横向分布的概念,单位荷载取 10kN,并将其分别作用在各板的跨中位置,计算各板跨中挠度,对 3 号板进行加载,计算结果如图 5.13 所示。

5.3 支座脱空对桥梁的影响分析

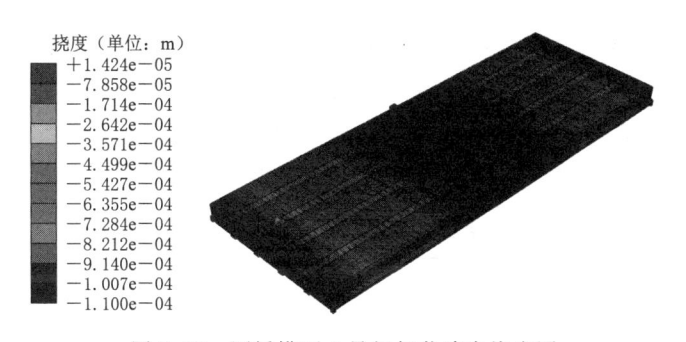

图 5.13 原桥模型 3 号板加载跨中挠度图

3. 荷载横向分布系数计算

对于正常使用状态的空心板桥，当假定构件材料处于线弹性工作状态时，荷载与位移成正比关系。将挠度作为分析横向分布系数的指标，横向分布影响线按式（5.1）计算：

$$\eta_i = \omega_i / \sum \omega_i \tag{5.1}$$

式中　η_i——第 i 号板的影响线竖标值；

ω_i——第 i 号板的跨中截面挠度。

根据运算得到各板的跨中截面挠度，由式（5.1）得到各板的横向分布影响线竖标值，见表 5.1，由于对称故只列出 1、2、3 号板的值。

表 5.1　　　　　　　原桥模型各板横向分布影响线竖标值

板号	单位荷载作用位置（i 号板中心）					$\sum \eta_i$
	1	2	3	4	5	
1	0.244	0.219	0.196	0.178	0.163	1.000
2	0.221	0.211	0.199	0.188	0.180	1.000
3	0.199	0.199	0.203	0.200	0.199	1.000

根据铰接板梁法可以计算出刚度参数 $\gamma = 0.0223$，利用铰接板荷载横向分布影响线计算用表直线内插法求得 $\gamma = 0.0288$ 的影响线竖标值 η_{1i}，η_{2i}，η_{3i}，计算结果见表 5.2。

表 5.2　　　　　　　铰接板法计算各板横向分布影响线竖标值

板号	单位荷载作用位置（i 号板中心）					$\sum \eta_i$
	1	2	3	4	5	
1	0.275	0.231	0.187	0.160	0.147	1.000
2	0.231	0.230	0.204	0.174	0.160	1.000
3	0.187	0.204	0.217	0.204	0.187	1.000

对比表 5.1 和表 5.2 可以看出，有限元计算结果与铰接板法计算结果基本吻合，说明所建模型符合要求。

5.3.2 支座脱空对支座反力的影响

通过解除支座处的竖向约束来模拟支座脱空，分析时仅考虑单支座脱空对桥梁支座反力、横向分布的影响。由于结构对称，计算时只考虑 A 端 $A1-1 \sim A3-2$ 号支座脱空状态下的计算结果。

计入板梁自重,并且分别在各板跨中加上1kN的单位力,提取正常状态下和各支座脱空状态下的支座反力,比较支座脱空后支反力的增加量。计算结果表明,当A端单支座脱空时对同一侧支座的支反力影响较大,而对另一侧B侧支座的支反力影响较小,其支座反力增加量不足2%,故只列出A端支反力增加量,见表5.3。

表5.3　　　　　　　　　　脱空后支座反力增加(减小)值　　　　　　　　　　%

支座编号	$A1-1$失效	$A1-2$失效	$A2-1$失效	$A2-2$失效	$A3-1$失效	$A3-2$失效
$A1-1$	−100.0	12.4	4.8	0.6	—	—
$A1-2$	114.6	−100.0	54.2	6.1	3.0	—
$A2-1$	84.7	110.9	−100.0	9.8	7.1	—
$A2-2$	66.0	69.5	9.5	−100.0	66.9	7.4
$A3-1$	−25.9	7.9	9.5	86.3	−100.0	9.4
$A3-2$	−3.8	0.9	—	8.5	9.5	−100.0

注　其中"—"表示增加量不足2%,负表示减小值。

由表5.3可以看出,当支座脱空后,由于横向联系的作用,使同一侧上的支座反力重新分布,共同承担上部结构所传递的荷载。当边板支座$A1-1$、$A1-2$脱空失效时,相邻支座支反力将增大,最大值比正常状态增大了114.6%。当中支座脱空失效时,相邻支座支反力最大值将比正常状态增大86.3%。计算结果表明,边支座脱空较中支座脱空具有更大的危险性,边支座脱空后,其相邻支座支反力将成倍增加,可能会严重超出支座的承载力范围,造成相邻支座严重变形甚至被压溃,导致支座丧失使用性能,引起支座损伤的连锁反应,从而威胁到桥梁上部结构的安全[4]。

5.3.3　支座脱空对横向分布的影响

由5.2.2节可以知道,当边板支座脱空失效时,会使相邻支座支反力成倍增大,故本节只研究当边板支座$A1-1$、$A1-2$脱空失效时对桥梁横向分布的影响。

1. $A1-1$失效时对横向分布的影响

将支座$A1-1$脱空失效,根据荷载横向分布的概念,单位荷载取10kN,并将其分别作用在各板的跨中位置,计算各板跨中挠度。根据运算得到的各板跨中截面挠度,得到各板的横向分布影响线竖标值,见表5.4。

2. $A1-2$失效时对横向分布的影响

将支座$A1-1$脱空失效,根据运算得到的各板跨中截面挠度,得到各板的横向分布影响线竖标值,见表5.5。

对比表5.1、表5.4、表5.5中数据可以发现,3个表中的数据基本相同,这表明支座脱空对板桥的横向联系影响较小。

表5.4　　　　　　　　$A1-1$脱空各板横向分布影响线竖标值

板号	单位荷载作用位置(i号板中心)					$\sum \eta_i$
	1	2	3	4	5	
1	0.246	0.219	0.196	0.177	0.161	1.000
2	0.223	0.211	0.199	0.187	0.179	1.000
3	0.200	0.200	0.201	0.200	0.199	1.000

表 5.5　　　　　　　　　　A1－2 脱空各板横向分布影响线竖标值

板号	单位荷载作用位置（i 号板中心）					$\sum \eta_i$
	1	2	3	4	5	
1	0.244	0.219	0.196	0.178	0.163	1.000
2	0.221	0.211	0.199	0.188	0.180	1.000
3	0.199	0.200	0.201	0.200	0.200	1.000

5.4　桥梁支座更换施工方法

根据上节分析可以得出，支座脱空后会对非脱空支座的使用寿命造成影响，缩短桥梁的使用年限，故在出现支座脱空后需及时更换桥梁支座。

桥梁支座一旦发现损坏，应根据其损坏程度做出评估，并制订维修计划。由于桥梁支座大多都是设置在空间比较狭窄的部位，在进行补强或更换时，则会受到空间条件的制约，并且补强或更换工作常常被要求在较短的时间内完成，要保证安全、迅速和质量。因此必须在工作前判断出支座破损的部位和程度，并对工期、施工空间、桥梁结构和对周围环境和交通造成的影响作充分分析研究后，选择合理的施工方法和施工设备。桥梁支座修补工程研究事项流程图如图 5.14 所示。

现有的桥梁顶升支座更换方法有很多，不同形式的上部结构支座更换的方法不同且难易程度不同。现有的桥梁支座更换施工方法有：枕木满布式支架法、鞍形支架法、钢扁担梁法、桥面钢导梁法、顶部整体顶升法等。其中，枕木满布式支架法是由顾安邦教授在其主编的《桥梁工程》中提出的[1]，鞍形支架法是由夏峰、赵席平在支座更换实际工程中所使用的方法，钢扁担梁法是由于天来教授通过总结现有的各种施工方法后提出的，桥面钢导梁法是在堪润水教授主编的《公路旧桥加固技术与实例》中阐述的[5]。下面具体介绍各种支座更换的方法及其优缺点和适用范围[4]（表 5.6）。

表 5.6　　　　　　　　　　部分支座更换方法汇总表

更换方法	工作原理	优　　点	缺　　点	适用范围
枕木满布式支架法	在地面上设置枕木，以枕木为基础，设置满布式或部分木支架至桥梁梁体处，在支架上安置千斤顶顶升梁体	架设设备比较简单，施工方法简单，易于操作。对于小跨度的梁桥，用支架法施工具有一定的优势	支架法施工工期长、支架和模板用钢材、木料量大、成本高，不适宜桥墩过高的场合	对于小跨度和低净空的桥梁，用该方法更换支座有较大的优势，因此该方法适用于净空高度和桥梁跨径不大于 4m 且宽浅河枯水季跨孔下没水的桥梁的支座更换
桥面钢导梁法	支撑位置在桥面上，支撑面为顶升梁相对跨的梁体。在顶升梁上绑扎钢带，安置钢梁，以相邻跨梁体为支撑基础，配合顶升设备，抬升梁体	对桥下场所无要求，适用于多种桥梁类型，整个起梁过程都在桥上进行，不影响桥下通航、通车要求	钢梁长度有限制，跨度不可过大；要求用较大吨位千斤顶，对桥面局部压力较大，有可能损伤梁体	适用于跨径较小、单孔自重不大的桥梁类型，特别适用于对桥下环境不利施工的情况

续表

更换方法	工作原理	优 点	缺 点	适用范围
端部整体顶升法	以地面为支撑，在墩台两侧建立顶升基础，然后用贝雷梁、槽钢、螺栓连接成受力钢梁（也可用钢管墩作为传力构件），受力钢梁上架千斤顶，在梁两端同步整体顶升	对桥下通车影响不大，可自由通行，能满足桥下不中断交通的要求。与采用少数大吨位的千斤顶相比较，无须为应力集中设置过大的传力杆及横梁	对桥跨下的地基基础要求较高，需建顶升基础，工序时间长，工期较长	桥梁下部为非流水通过物，桥下净空不能过高的桥梁
鞍形支架法	用桥墩本身做支撑在盖梁上搭设支架，设计成"鞍形支架"，放置千斤顶来顶升梁体	施工方便，该方法不受河床地质、桥下水深和桥梁高度的限制	顶升过程中盖梁会发生偏心受压现象和局部承压过高的现象以及支架变形过大的现象，顶升前须严格的验算	该方法适用于复杂的河床地质情况，适用于公路、铁路立交桥的情况，无需大型架设设备或杆件，优于地面支撑形式
扁形千斤顶法	把超薄的液压千斤顶安放在主梁与盖梁的狭小的空间内，直接顶升梁体	机具设备很少，成本低廉；工序简单，施工快速，中断交通时间很短；对桥下场所无要求，适用于多种桥梁类型	由于扁形千斤顶的特殊构造，导致其行程较短，可能需要多次顶升才能到位	特别适用于梁底空间狭窄，无法安置普通液压千斤顶的桥梁
钢扁担梁法	支撑位置在桥面上，支撑面为顶升梁相邻跨的梁体，在顶升梁上打孔，绑扎钢带，安置钢扁担梁，以相邻跨梁体为支撑基础，配合顶升设备，抬升梁体	对桥下场所无要求，适用于多种桥梁类型，整个起梁过程都在梁上进行，不影响桥下航行、通车	钢扁担梁结构设计较为复杂，需进行专门计算；要求用较大吨位千斤顶，对桥面局部压力较大，有可能损伤梁体	适用于跨径较小、单孔自重不大的桥梁类型，特别适用于对桥下环境不利施工的情况
钢蝴蝶梁法	支撑位置在盖梁上，通过液压千斤顶顶升蝴蝶梁的翅梁来提升梁体	充分利用盖梁这个平台，施工方便，无大型机具设备；对环境的适应能力很强，不受河床地质、桥下水深和桥梁高度的限制；整个操作过程都是在桥下进行，施工快捷，缩短了封闭交通的时间；不受千斤顶行程限制，可一次顶升到位；换取支座简单	要求盖梁较为宽大能安放液压千斤顶且千斤顶数量较多	该方法适用于山区高墩、复杂的河床地质情况，特别是梁底距盖梁很近，无法安装千斤顶的情况
钢套箍法	通过圆箍与桥墩混凝土之间的摩擦力提供竖向支撑，放置液压千斤顶顶升梁体	充分利用桥梁本身的结构，可以通过增长钢套箍的长度提高其承载能力，对环境的适应能力很强，不受河床地质、桥下水深和桥梁高度的限制；不受千斤顶行程限制，可一次顶升到位	施工工序较为繁琐，施工工期长；临时构件较多，成本较高；只适用于桥墩为圆形的情况，对其他方形、异性截面均不能使用	适用于梁底空间狭小，无法在盖梁上安放顶升设备的圆截面高墩梁桥

5.4 桥梁支座更换施工方法

续表

更换方法	工作原理	优点	缺点	适用范围
气动顶升法	用集群气囊替换液压千斤顶，上述所有支座更换方法只要用气囊取代千斤顶都可以称之为气动顶升法	起重量不受限制，通过气动提升系统的扩展组合，能满足百吨级甚至千吨级桥梁构件的顶升；同步控制，安全受控；可操作性好，气动提升系统体积大，重量轻；顶升过程平稳，无附加冲击载荷；对顶升的基础要求低，特别适合临时预制构件的工程；有利于保护桥梁构件，采用分布荷载，避免了液压起重的集中载荷		

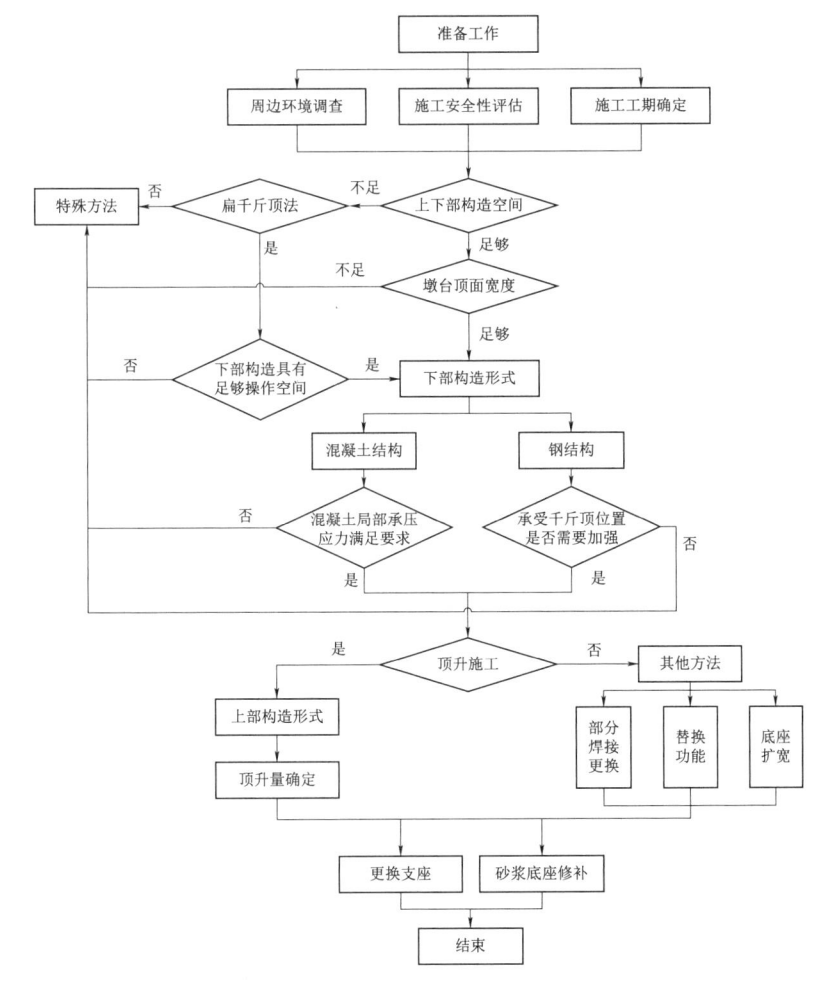

图 5.14 桥梁支座修补工作研究事项流程图

5.5 支座更换实例

本节以第2章所示桥梁支座更换为例,具体讲述支座更换的施工工艺及施工流程。该桥原支座型号为GYZ-Q200×31圆板式橡胶支座,全桥公布置448个。由于支座老化、开裂、脱空等原因需全部更换,支座全部更换为GYZ200×35(NR)圆板式橡胶支座。由于梁底空间狭窄,无法安置普通液压千斤顶,故采用扁形千斤顶法,采用100t超薄自锁式液压千斤顶。另外,布置临时支撑钢垫块,水平投影尺寸不小于200mm×200mm,在顶升过程中及时抄紧垫块,确保结构安全。在支座更换过程中,对有缺陷的支座垫石及时修复,并清理墩台位置垃圾。

5.5.1 工艺流程

更换支座采用多点同步顶升,施工工艺流程如图5.15所示[6],施工图如图5.16~图5.19所示。

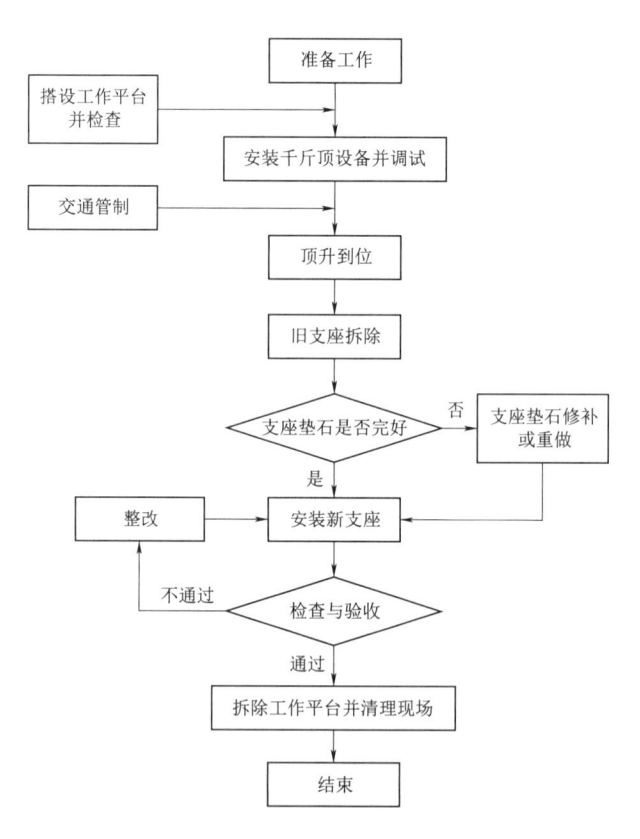

图5.15 顶升更换支座流程图

(1)施工准备:现场进行踏勘,详细了解周围的情况和各类部件的尺寸,绘制当前支座位置及分布图。顶升前应对桥梁基础、墩台、主梁、桥面系和附属工程的技术状况逐一进行检查。

图 5.16 支座更换立面布置图（单位：cm）

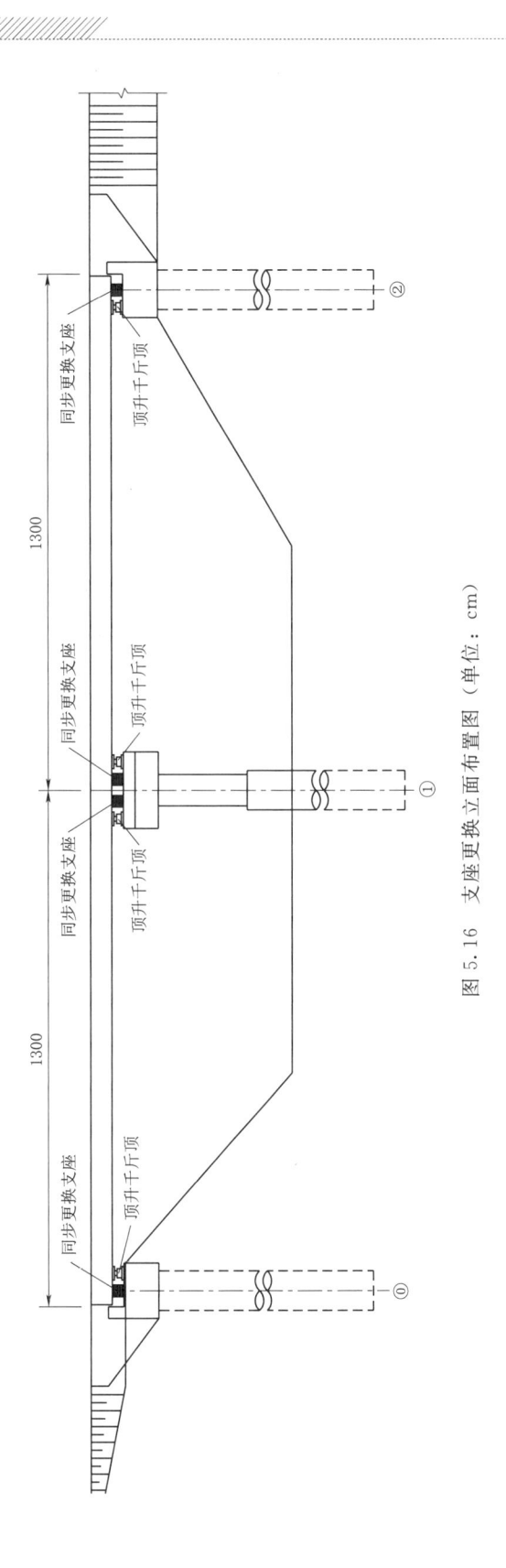

第5章 城市装配式混凝土板梁桥支座更换实例

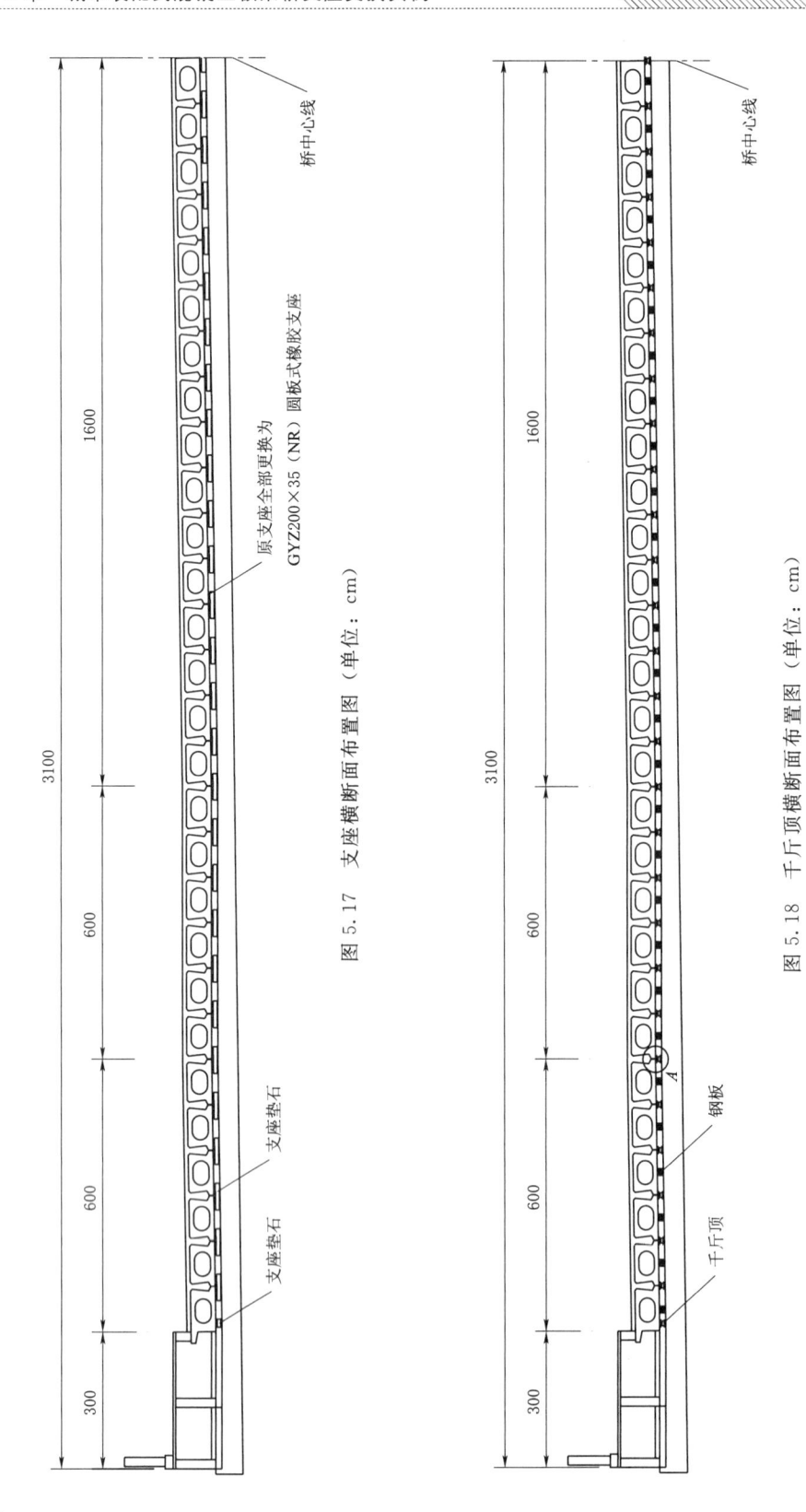

图 5.17 支座横断面布置图（单位：cm）

图 5.18 千斤顶横断面布置图（单位：cm）

（2）搭设支架前需要进行地基夯实处理，清除支座周围的砂石及垃圾，凿除松散的混凝土，并用空压机和吹风机吹净，对不好清理的部位用高压水枪清洗干净，对坑洼不平的部位，采用环氧砂浆进行第一次修复平整。在地上铺设枕木，在枕木上搭设定型支架，支架顶部铺设方木，千斤顶放置在方木上，在千斤顶下垫 2cm 厚钢板。临时支架、反力架、工作平台应有足够的强度、刚度和稳定性。

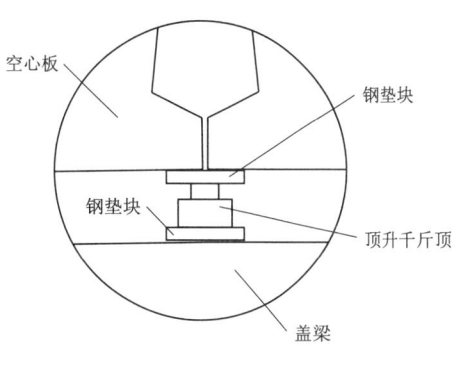

图 5.19　A 大样图

（3）千斤顶的安放要求于原梁板底面平行紧贴，若盖梁与梁板中间距离过大，需根据情况加设平行钢板底座，若盖梁与梁板中间距离过小，需对盖梁进行开槽凿除，然后安设千斤顶。千斤顶采用液压扁形千斤顶，千斤顶要求放置在盖梁的顶端，通过高压电动油泵向千斤顶供油，采用平衡分流阀和自动监测系统来控制梁体的起顶高度。所有千斤顶安装完毕后，检查设备是否运转正常。

（4）逐个支座梁板底端挂设百分表，记录原始基准数据，并用直尺逐个丈量盖梁和梁板间距离，填制支座原始数据表。每个工人监控两个板的百分表，以便在顶升时同步监控顶升的高度

（5）顶升前应用垫板扩大千斤顶与主梁的接触面，要求密合、平稳，不损伤梁体，施工平台应有足够的操作空间，与梁底保持 1.6～1.7m 的距离。顶升装置验收合格后进行试顶加载。

（6）试顶及整体顶升。首先顶升 1mm，让千斤顶和梁板以及盖梁之间，整体均衡受力，顶升之后停放 5～10min，观测桥面及梁板的受力变化及受力均衡状态；待发现无问题开始整体顶升。在专业人员的统一指挥下所有千斤顶缓慢分级顶升，梁体每上升 5mm 为一级，梁体升高 1cm 后立即停止。具体按照以下步骤进行：

1）加预顶力至恒载的 25% 左右，检查各千斤顶支垫是否稳固，否则应回油重新支垫再次加力至恒载的 25%，读取并记录百分表读数，作为顶升高度的初始读数，并视为梁体顶升的"零"位移。

2）再次加预顶力至恒载的 50% 左右，读取并记录百分表读数，分析顶升位移是否均衡、一致，并检查油路系统是否正常，是否有漏油、供油不畅等现象，如有应立即停止加载，及时整改，同时观察桥梁横向是否有移位现象。

3）继续加顶升力，当顶升力超过恒载后，改以高度控制为准。控制起梁速度在 1mm/min 左右，顶升高度约至 5mm 时，读取百分表读数，检查支座脱空情况，并记录油压表读数供参考，顶升过程中要设置临时支点，临时支点上每顶升一次放置一块 5mm 厚的钢板。

4）再次顶高 5mm，读取百分表读数，根据支座脱空情况判断是否取出全部支座，量取并记录垫石顶面距梁底的空间高度能否满足安装新支座，确定是否需要继续顶升，顶升多少。

5）根据需要每一级再次顶高 2mm，直至梁体升高高度满足新支座安装要求。顶升过

程中,用百分表监视每片板的顶升高度,横向相邻板间高差应不大于1mm,每跨板的两端高差不大于5mm,最大顶升量不大于1cm。顶升完成之后分析各阶段记录数据,确定下一工点是否需要对每一级顶升力、顶升高度进行修正。

6) 更换支座:将原支座按照不同位置编号,以便查对和更换。取出旧支座,将垫石清理干净,在梁板底支座位置涂抹调平砂浆(或调平胶)然后放入新支座。

7) 卸载落板:解除千斤顶保护环,开始卸载。卸载时与分级加载的顺序相反分级卸载。钢板锈蚀处理、支座更换以及脱空支座处理完毕后及时落板,落板时稍顶升千斤顶,逐级卸除临时支撑。落板过程与顶升过程控制要求相同,要求同步、缓慢、分级卸载,横向高差不大于1mm,每跨板的两端高差不大于5mm。

5.5.2 检验和验收

(1) 支座的材料、质量和规格必须满足设计和有关规范的要求,经验收合格后方可安装。

(2) 支座底板调平砂浆性能应符合设计要求,灌注密实,不得留有空洞。

(3) 支座上下各部件纵轴线必须对正。当安装时温度与设计要求不同时,应通过计算设置支座顺桥向预偏量。

(4) 支座不得发生偏斜、不均匀受力和脱空现象。

(5) 更换支座的位置偏差应满足《公路桥梁加固施工技术规范》(JTG/T J 23—2008)表12.3.1要求[6]。

5.5.3 同步顶升注意事项

(1) 顶升空心板时,必须注意顶升部位,为防止对梁体的损坏,避免直接顶升梁体的底部,一般选在两肋的中心点及箱梁的横梁部位。

(2) 由于边梁本身的自重和桥面附属设置(如缘石、栏杆等)的影响,与中梁在顶升上有较大的差异,在顶升力与行程双控中,应以行程为最终控制,这样可以避免由起顶不均匀造成的桥面剪切破坏。

(3) 应严格控制梁体的顶升高度,避免由于顶升过高造成的桥面及附属设置的损坏。

(4) 落梁时,注意避免碰撞支座,以保证支座位置的准确;落梁应采用与顶升相逆的方法,即按顶升的同一步长、步阶缓慢降落,才有利于主梁的就位准确且与支座密贴;如果主梁与支座密贴不好时,应查明原因,采取有效措施予以纠正和重作。

(5) 对于脱空的支座,更换时可采用加垫钢板等措施,保证支座同梁底紧密接触,使支座受力均匀。

(6) 支座缺损、位移超限破坏病害的支座均应更换,并为确保同一支撑线(同排)上的支座均匀受力凡有更换支座的,同排支座应同时全部更换。

5.6 本章小结

本章主要介绍桥梁支座的主要病害类型及更换支座的顶升方法,并分析支座脱空对桥梁的影响。分析结果表明:

（1）支座脱空会使同一桥墩上同侧支座支反力重新分布；当边支座脱空失效时，相邻支座支反力将增大，最大值比正常状态支反力增大了114.6%；当中支座脱空失效时相邻支座支反力最大值将比正常状态支反力增大86.3%。边支座脱空比中支座脱空对桥梁造成的影响大。

（2）单支座脱空对桥梁横向分布的影响较小；单支座的脱空虽然不会影响桥梁的横向分布，但单支座脱空如果不及时加以处理，会对非脱空支座造成损害，进而影响桥梁的横向联系。

（3）支座脱空将对支座使用性能、桥梁上部结构受力状态产生影响，特别是边支座的脱空对桥梁影响较大。

参考文献

[1] 顾安邦,向中富. 桥梁工程 [M]. 北京：人民交通出版社,2011.
[2] 邱文,邹开泰. 高速公路桥梁支座病害分析及修复 [J]. 公路,2020,(2)：129-131.
[3] 江苏省质量技术监督局. 公路桥梁橡胶支座病害评定技术标准（DB32/T 2172—2012）[S]. 北京：人民交通出版社,2013.
[4] 康学伟. 桥梁支座性能检测评估与剩余寿命预测技术 [M]. 北京：人民交通出版社,2017.
[5] 谌润水,胡钊芳,帅长斌. 公路旧桥加固技术与实例 [M]. 北京：人民交通出版社,2002.
[6] 中华人民共和国交通运输部. JTG/T J23—2008 公路桥梁加固施工技术规范 [S]. 北京：人民交通出版社,2008.
[7] 中华人民共和国交通运输部. JTG/T J22—2008 公路桥梁加固设计规范 [S]. 北京：人民交通出版社,2008.

第6章 结论与展望

6.1 结论

本书主要针对城市装配式混凝土板梁桥的维修加固关键技术展开系统研究。通过文献检索、现场调查以及实桥的维修加固工程实践，归纳了城市装配式混凝土板梁桥主要病害特征和产生原因，并总结了常用的加固方法。该书还比较分析了不同规范之间对于城市装配式混凝土板梁桥检测评定方法的异同，建议工程人员根据实际情况选择合适的规范进行评定，确保评定结果与实际情况相符。

第2章介绍了《公路桥涵养护规范》（JTG 5120—2021）、《公路桥梁技术状况评定标准》（JTG T H21—2021）和《城市桥梁养护技术标准》（CJJ 99—2017）中关于桥梁技术状况的相关评定方法，并通过实例分析比较了评定结果的差异性。

第3章主要通过对一座典型钢筋混凝土板梁桥进行加固设计，比较了不同加固方法的优缺点。通过有限元软件 ABAQUS 对原桥模型和加固后模型进行建模，给出了具体的施工流程和施工方法。

第4章主要采用有限元计算来对比分析，验证铰接板法计算结果与有限元计算结果的准确性，对比了铰缝损伤加固的不同方案，综合比选认为采用上下捆绑加固法是较为合适。

第5章主要介绍桥梁支座的主要病害类型及更换支座的顶升方法，并分析支座脱空对桥梁的影响，指出边支座脱空对桥梁造成的影响较大。

总的来说，本书对城市装配式混凝土板梁桥的维修加固技术进行了较为深入的研究，为相关工程人员提供了重要的参考。

6.2 展望

未来空心板梁桥维修加固研究将朝着以下方向展开：

（1）利用新型材料和新技术进行加固。随着科学技术的进步和新型材料的不断涌现，如超高性能纤维混凝土、碳纤维、GFRP 等材料，以及无损检测技术、数字化建模等技术的应用，将为空心板梁桥的维修加固研究提供更多的思路和技术手段。

（2）提高维修加固的效率和质量。未来的研究将致力于提高维修加固的质量和效率，缩短维修周期，减少施工对交通的影响，有效降低维修加固的成本，并确保空心板梁桥的安全性和运行效能。

（3）设计和施工标准的不断完善。随着经验的积累和技术的进步，未来将逐步建立更加详尽和科学的空心板梁桥的设计和施工标准，以确保空心板梁桥的质量和安全性。

（4）完善管理和维护机制。空心板梁桥的运营需要日常的管理和维护，应逐步建立完善的管理和维护机制，做好日常巡检和维修，定期检测和评估安全状况，及时发现并处理缺陷。

未来空心板梁桥维修加固研究需要各方的共同努力，尤其需要政府的支持和鼓励，推动科技创新和标准制定，以确保空心板梁桥在长期的使用中能够维持其安全高效、经济耐久的特点，促进城市和交通的可持续发展。